Dorothée Kreusch-Jakob

Das Musikbuch für Kinder

Horchen,
singen,
spielen,
tanzen
mit Kindern
von
2–8 Jahren

Mit Fotos von Alexander Schuhmacher

Otto Maier Verlag Ravensburg

Zeichenerklärung:
& Dieses Zeichen kennzeichnet jede neue Spiel- oder Beschäftigungsanregung

Der Abdruck der Lieder auf den Seiten 93 und 104 erfolgte mit freundlicher Genehmigung des Fidula Verlages, Boppard, aus »Ludi musici« von Wilhelm Keller

Das Lied auf Seite 105 wurde mit freundlicher Genehmigung von Herrn Seifriz aus seinem Buch »Ringel, Ringel Reihe«, Ravensburger Taschenbücher Band 140, übernommen.

Foto auf dem Vorsatz und den Seiten 3, 69 und 73 unten: Uli Lamey, München
Umschlagentwurf: Grafisches Atelier Otto Maier Verlag Ravensburg
Layout: Hubert Ruderer, Ravensburg
Printed in Germany 1975
ISBN 3-473-37315-X

Inhalt

stimmtes ausdrücken kann. Es wird versuchen, auf manchen Instrumenten zu sprechen oder zu singen. So kann es bereits früh die Affinität zu »seinem« Instrument entdecken, das ihm und seinen Fähigkeiten entspricht. Andererseits wird es nicht zu früh auf ein einziges Instrument fixiert.

5. Informationen über Musik in unserer Umgebung
Seite 67

Musik ist nicht eine einseitige Sache für speziell geförderte Kinder. Nachbarschaftliche Kontakte, Kinderfeste, gemeinsame Ausflüge in Museen, Besuche von Schülerkonzerten oder beim Instrumentenbauer geben Kindern eine Fülle von Informationen und Anregungen. Sie erfahren dabei, wie früher Musik gemacht wurde, wie andere Leute Musik machen, wie Musik aufgeführt wird. Nicht zuletzt sollten sie dabei die Scheu verlieren, zu fragen oder sich an bestimmte Dinge heranzuwagen, um sie auszuprobieren.

6. Musikalische Spielpläne – erste Improvisationsversuche
Seite 72

Der Bau eines eigenen, kleinen Instruments, sowie Erfahrungen an traditionellen Instrumenten, haben im Kind Erlebnisse wachgerufen, die es malend auf dem Papier festhalten kann. So ist es durchaus möglich, daß es schon bald aus einem Musikstück einzelne Instrumente heraushört und sie benennen kann. Klangfunktionen, Tonhöhen, aber auch Kontrastwirkungen von Instrumenten, Mischungen oder Wiederholungen wird es in Farbereignissen oder Handbewegungen bildlich darstellen. Einzelne Bilder können als Partitur zusammengelegt und danach im Zusammenhang und mit verteilten Rollen als Musikstück abgespielt werden.
Musikalische Grundbegriffe, formale Zusammenhänge und Gesetzmäßigkeiten schlagen sich, ebenso wie die Kenntnis von Instrumenten, als Spielerfahrungen im Kind nieder.

7. Sprache – Lied – Musiktheater
Seite 78

Von Anfang an wird die Sprache als wichtige Ausdrucksmöglichkeit in das Spiel miteinbezogen. Sie ist »Spielmaterial« und wird durch Veränderung der Stimme, durch Wortspielereien und das Erlebnis von Sprachklang und Sprachrhythmus lebendig gemacht. Sprechen und Singen stehen in engem Zusammenhang. Das Kind singt, bewegt sich, malt oder spielt seine Lieder. Spontan erfindet es eine neue Melodie oder einen Text. Lieder, Verse, Geschichten oder Musikstücke werden musikalische Rollenspiele. Hier hat der Erwachsene die Gelegenheit, das Kind im Spiel mit Handpuppen, seinem eigenen Schatten, verkleidet oder im pantomimischen Spiel mit anderen kennenzulernen und zu erleben.

8. Musik – Bewegung – Tanz
Seite 96

Sich Bewegen und Tanzen sind Urbedürfnis eines jeden Kindes. Beim Tanzen nach Musik, in Bewegungs- und Reaktionsspielen kann das

Kind viel über das Phänomen Musik erfahren. Es wird versuchen, musikalische Ereignisse in Bewegung umzusetzen und auszudrücken. Ebenso lernt es seinen Körper, den Raum, sich selbst und seinen Partner kennen. Eigeninitiative, lockeres, angstfreies »Aus-sich-heraustreten«, aber auch das Sich-einfügen in einer Gruppe nach bestimmten Regeln kann hier behutsam entwickelt werden.

Radio, Schallplatten, Mikrofon und Tonband spielen als musikalischer Hintergrund des Kindes eine wichtige Rolle. Hier spiegelt sich die Richtung und der musikalische Geschmack des Elternhauses. Hier droht durch unkontrollierten Überfluß eine Gefahr für die musikalische Entwicklung des Kindes, nämlich der kritiklose Musikkonsum. Nachdem technische Funktionen erklärt und am Gerät ausprobiert werden, kann das Kind durch entsprechende Anregung zu gestalterischem Spiel kommen. Interviews und kleine Hörspiele können es ebenso fesseln wie das Aufspüren von Geräuschereignissen oder das pantomimische Spiel nach einer Musik-Schallplatte.

Physiologische und musikalische Voraussetzungen für einen frühen Instrumentalunterricht.

Ein neues Musikbuch für Kinder?

Viele Eltern, Erzieher und Musikpädagogen, die mit Kindern zusammen Musik machen wollen, sind sich im Unklaren darüber, welchen Weg sie dazu wählen sollen. Sie sind sich bewußt, daß bisher praktizierte Methoden des herkömmlichen Musikunterrichts kaum mehr der veränderten Umwelt des Kindes und einer freieren Kindererziehung gerecht werden.

Der heute zumeist praktizierte Musikunterricht, auch in der Früherziehung, wendet sich vorrangig an ein musikalisches Kind. Ob und wie musikalisch es ist, entscheidet oft ein Test, der sich in den Anforderungen kaum von dem für ein schulpflichtiges Kind unterscheidet: musikalisches Gehör, rhythmisches Empfinden, musikalisches Gedächtnis und Wiedergabevermögen. Die musikpädagogischen Theorien und Erziehungsvorstellungen sind oft die der späteren Schulmusikerziehung und stark von den Leistungserwartungen der Musiker geprägt, die sowohl technische, wie auch musikalische und künstlerisch-ästhetische Maßstäbe setzen. Dem Spiel, dem kindlichen Experimentieren, dem Erfahrungmachen also, ist nur ein sehr kleiner Platz eingeräumt. Das Erziehungsziel wird durch Erarbeitung von Bausteinen und Zusammensetzung zu einem Ganzen angestrebt.

Dem gegenüber steht eine neue Art der Pädagogik. Das Kind soll, vom Ganzen ausgehend, auf die Funktion der einzelnen Teile aufmerksam gemacht werden. Die Umwelt des Kindes, seine ihm eigenen Möglichkeiten und Fähigkeiten werden intensiv miteinbezogen. Jedem Kind sollen seinen individuellen Bedürfnissen entsprechende Anregungen gegeben werden. Der kleine Mensch ist nicht nur formbares Objekt, das zu einem Ziel gebracht werden soll. Er gibt vielmehr durch sich selbst, seine Äußerungen und Bedürfnisse dem Erzieher wertvolle Impulse dafür, wie er mit dem Kind zusammen zum gewünschten Ziel kommen kann.

Auf die Musik bezogen bedeutet dies: zunächst hat jedes Kind eine Affinität zur Musik und kann also »gefördert« werden. Seine Umwelt ist dabei entscheidend beteiligt. Das »Material«, beziehungsweise die Instrumente, müssen Spielzeugcharakter haben. Der Erwachsene sollte dabei den Weg verfolgen, den das Kind ohnehin in seiner Entwicklung macht: Erfahrungen sammeln, Möglichkeiten abtasten, das Erlebte artikulieren, sowie spielen, spielen ... und zwar in einem offenen, unbeschränkten musikalischen Erfahrungsraum. Auf keinen Fall sollte man darunter verstehen, daß im Kind schlummernde Fähigkeiten vorzeitig geweckt und einseitig gefördert werden!

Dieses Buch befaßt sich mit Musik für 2- bis 8jährige Kinder, mehr oder weniger »normale« Kinder, von denen wir noch nicht wissen, ob sie eine »Sonderbegabung« wie Musikalität besitzen. Daher sollte jedem Kind die Möglichkeit gegeben werden, spielend zu musizieren!

Und das Ziel?

& Erste akustische Versuche machen und physikalische Grundeinsichten erlangen.
& Frei und schöpferisch mit Material umgehen können.
& Durch Eigenbau und Experimentieren ein vertrautes Verhältnis und gutes Gespür für Instrumente bekommen.
& Gezielte Instrumentenwahl! Wunsch, ein ganz bestimmtes Instrument zu spielen.
& Enge Verbindung von Musik und Sprache erfassen.
& Sinnesorgane sensibilisieren: hören, sehen, malen, fühlen...
& Schöpferischen Umgang mit Sinneseindrücken erlernen.
& Mut fassen, sich (musikalisch) auszudrücken.
& Musik als Möglichkeit zu Kontakt und Spiel mit anderen sehen.
& Erste Bekanntschaft mit musikalischen Grundbegriffen machen.
& Die Fähigkeit, Spielregeln für musikalische und gruppendynamische Spielabläufe zu akzeptieren und einzuhalten.
& Offen bleiben für jede Art von Musik. Sich nicht auf ein bestimmtes Tonsystem oder eine Musikrichtung fixieren.

»Gebrauchsanweisung« zu diesem Buch

Dieses Buch soll nicht von Anfang bis Ende systematisch durchgelesen und stur »nachgearbeitet« werden. Vielmehr muß der Erwachsene ständig in der Lage sein, Querverbindungen zu ziehen. Musikalische Beschäftigung gemeinsam mit Kindern sollte reich an Anregungen und Abwechslung sein. Jeder einzelne Punkt des vorliegenden pädagogischen Modells muß von verschiedenen Seiten beleuchtet und durchgespielt werden. Hören, Sich-Bewegen, Singen, Sprechen, Spiel am Instrument oder mit Material, laute und leise Spiele sollten jeweils den Bedürfnissen der Kinder entgegenkommen. Von selbst werden

sich Situationen ergeben, in denen das Kind längere Zeit intensiv an einer Sache bleibt und sie zu ergründen sucht.
Die meisten Kapitel gliedern sich in zwei Teile.

Im ersten Teil werden freie Spielanregungen gegeben. Hier bleibt der Erwachsene bewußt im Hintergrund, denn er darf nicht mit frühen Lernforderungen an das Kind herantreten oder es als wohlmeinender dauernder Spielanreger von sich abhängig machen.
Viele Spiele wurden von Kindern selber ausgedacht oder zumindest mit angeregt. Sie sind in freiem Spiel entstanden. Nur in einer solchen gelösten Atmosphäre lassen sich Kreativität und schöpferische Fantasie entfalten.
Manche Kinder sind anfangs scheu und gehemmt und müssen erst lernen, sich frei zu äußern. Oft wird man ihnen dabei Mut machen, manchmal abwarten müssen. Immer sind Geduld und Zeit wichtiger als ein schnell hingeworfener Vorschlag. Manchmal wird ein Erwachsener auch gezwungen sein, sich mit den ganz speziellen inneren Schwierigkeiten eines gehemmten Kindes auseinanderzusetzen, bevor er richtig helfen kann. Er muß die Situation innerhalb einer Gruppe ständig im Auge behalten und immer wieder von neuem überlegen, wie er die Selbstverwirklichung des Einzelnen innerhalb einer Gruppe ermöglichen kann. Denn oft verursacht die Kreativität des Freien die Befangenheit des Gehemmten.
Am besten ist es, wenn der Erwachsene seine ästhetischen Urteile oder falsch-richtig Bewertungen hier weitgehend verbannt. Er sollte grundsätzlich den Ausdrucksmöglichkeiten jedes einzelnen Kindes positiv gegenüberstehen und nicht vergessen, daß er mit Kritik nicht nur ein momentanes Ergebnis trifft, sondern den ganzen kleinen Menschen, der dahintersteht und seine Gefühle und seine Erlebnisse auszudrücken versucht. Erst dann, wenn das Kind einmal das Gefühl seines eigenen Wertes erfahren hat, weiß es, wie es sich mit seinen ganz speziellen Fähigkeiten in die Gruppe einbringen kann. Erst dann wird es auch andere und deren Bedürfnisse und Äußerungen akzeptieren können.

Im zweiten Teil finden sich methodische Spielvorschläge für die einzelnen Altersgruppen, geordnet nach bestimmten Erfahrungen und möglichen Lernzielen. In keinem Fall ersparen diese Hinweise dem Erwachsenen die Mühe, selbst die Kinder zu beobachten und die Anregungen ihren speziellen Bedürfnissen und Fähigkeiten anzupassen, die Spielvorschläge zu erweitern, zu variieren oder einzuschränken. Für Kinder im Vorschulalter sind einige zusätzliche Hinweise gegeben, da diese Kinder bereits bestimmte Erfahrungen in Worte fassen, Fragen stellen und sie beantworten, nachdenken und Folgerungen aus

einem Spiel ziehen können. Sie sind fähig, neben rein eigenschöpferischen Spielen bestimmte Aufgaben nach Anleitung zu erfüllen.
Manche Erwachsenen stellen zu früh Fragen, lassen Bögen ausfüllen und ausmalen und pressen damit den kindlichen Spieltrieb vorzeitig in ein Ausfüll-, Ausstreich- und Unterscheidungsschema. Beim Arbeiten mit diesem Buch sollte der Erwachsene nicht zuviel reden, sondern das Kind tun lassen. Er sollte versuchen, den ganzen Ballast gewohnter Methodik, angestrebter Lernziele und eigenen Leistungsverhaltens über Bord zu werfen. Er sollte versuchen, sich selbst zu beherrschen, damit er nicht durch Dirigieren, durch laute Zurufe oder den Zwang zum Nachmachen die Kinder verunsichert und von sich abhängig macht. Er sollte nicht krampfhaft danach trachten, zu dem Ziel zu kommen, das er sich für eine Stunde gesteckt hat. Stattdessen sollte er einen Gruppen-Prozeß in Gang bringen, in dem sich jedes einzelne Kind voll und ernstgenommen fühlt.
Natürlich sind auch für einen solchen Unterrichtsstil Spielregeln unerläßlich, aber es müssen Spielregeln sein, die sowohl die Kinder als auch der Erwachsene akzeptieren können:

- Der Erwachsene sitzt mitten unter den Kindern.
- Der »Bestimmer« wechselt ständig zwischen Erwachsenem und Kindern.
- In jedem Spielplan sollten verschiedene Spiele sein: Das Toben sollte mit stillen Spielen abwechseln.
- Alle einigen sich vor Beginn des Spiels auf bestimmte Regeln, auf den Ablauf usw.
- Es werden Zeichen für das Spiel verabredet: zum Anfangen, zum Aufhören, zum Unterbrechen, durch Klatschen, Winken oder durch Klangzeichen mit Instrumenten.

Insgesamt besteht das Ziel des Buches darin, Kindern zu helfen, frei und unabhängig von Reglement musikalische Erfahrungen zu machen und sie in ihren Spielen zu verarbeiten, aus sich selbst herauszugehen und sich in ein Gefüge einzuordnen.
Daß ein solches Ziel an den Erzieher mehr Anforderungen stellt als reine Vermittlung von Wissen oder von bestimmten Techniken, dürfte auf der Hand liegen.

1. Geräusche aus der Umwelt

Kaum hat ein Kind die ersten Höreindrücke und Hörerfahrungen in sich aufgenommen, so muß der Erwachsene schon wieder beginnen, diese Vielfalt der täglichen Geräusche aus aggressiver, technisierter Umwelt und unkontrollierter Musikberieselung zu entwirren. Täglich stürzen tausend Geräusche und Reize auf Ohren und Nerven ein. Will man ein Kind zur Musik oder zum Musikmachen bringen, muß es wieder hinhören lernen. Hinhören auf das, was es gar nicht mehr hört, da es dies dauernd hören muß. In ruhiger Umgebung sollte das Kind bewußt auf etwas Bestimmtes horchen lernen.
So kann etwas, dem man zunächst bis zum Überdruß ausgeliefert zu sein scheint, zu reizvollem Spielmaterial für ein Kind werden. Indem man das Kind damit spielen und seine Erfahrungen machen läßt, gibt man ihm auch die Möglichkeit, auf seine Weise damit fertig zu werden. Unnötig darauf hinzuweisen, daß es hier nicht nur um Erziehung zur Musik geht, sondern auch darum, dem Kind durch Musik Hilfen zu seiner ganzheitlichen Entwicklung zu geben.
Und es lernt zu gebrauchen, was es beim Musikmachen so dringend nötig hat: das Ohr! Das Ohr zu schulen, Klangquellen zu entdecken und gleichzeitig die akustischen Ereignisse in die Welt der Fantasie einzubringen, seine schöpferischen Kräfte, sei es mit noch so »unbedeutenden« Erfahrungen hervorzulocken und herauszufordern, das ist der Sinn der folgenden Vorschläge. Sie sollten gleichzeitig dazu anregen, sich ähnliche Spiele auszudenken, die der jeweiligen Situation und den Möglichkeiten des einzelnen Kindes entsprechen.

Hinhören – Horchen – Lauschen!

& Psst! – Jemand hat den Finger auf den Mund gelegt. Die Kinder kommen hergelaufen, setzen sich und horchen gespannt. Sie sind ganz damit beschäftigt, sich selbst zur Ruhe zu bringen.
Wie still es ist!
Was passiert wohl?
Nichts.
Keiner wagt es, die Stille mit einem Laut zu stören. Muffi mag es noch

stiller und hält sich die Ohren zu. Cornelius preßt zwei Kissen an die Ohren. Nichts passiert, nur Stille ereignet sich. Nie gedacht, daß Stillsein so spannend sein kann!

& Aber allmählich werden die Hörantennen ausgestreckt. Geräusche dringen in die Stille und werden aufgenommen. Man fragt sich, woher sie kommen und was sie bedeuten. Wodurch wurden sie eigentlich ausgelöst?

Geräusche kommen von oben, von unten, von nebenan, aus der Wohnung, aus dem Haus und von der Straße herein. Manche Kinder haben die Augen zugemacht. Sie meinen, dann hören sie besser. –

& Da ruft Muffi: »Ich kann mich hören!«

Keiner glaubt es. Aber sie besteht darauf. Sie hört Geräusche ihres Körpers. Sie hört, wenn sie schluckt. Cornelius hört die Luft in der Nase beim Einatmen. Sie hören sich spucken, räuspern, sie hören das Rauschen im Ohr, wenn man mit dem Finger die Muschel zudrückt. Sie hören die Zähne aufeinanderschlagen. Muffi glaubt sogar ihren Herzschlag zu hören, wenn sie ihren Kopf fest an die Polster drückt. Was man beim Stillsein alles hören kann! – Man kommt auf die tollsten Geschichten.

& Geschichten – das war ein Zauberwort! Elke möchte aus dem, was sie hören kann, eine Geschichte machen. Ein Geräusch-Puzzle! Was

kann man für spannende Geschichten erfinden, in denen quietschende Türen, rauschende Wasserhähne, Staubsaugergeheul und Schritte im Treppenhaus vorkommen...
Ein schönes Spiel, wenn ein Kind krank ist, wenn es sich allein fühlt oder wenn es schon wieder keinen Krach machen darf. Dann spielt es eben mit dem Krach, den die anderen machen. –

Raten von Geräusch-Geschichten

& Guy macht es nun umgekehrt: Er imitiert die Geräusche und die anderen sollen die Geschichte erraten. Die einzelnen Geräusche macht er nur mit seiner Stimme, mit seinem Mund und seiner Sprache. Manchmal bringt er seine Lippen in eine besondere Stellung oder hilft mit der Hand nach. Er bewegt sie vor dem Mund, macht einen Schalltrichter oder hält sich die Nase zu. Hier seine Wassergeschichte:
Guy denkt dabei an die letzten Ferien, an ein tuckerndes Motorboot, an Wellen, die an die Hafenmauer klatschen, an Mövenschreie, an Schritte auf dem Holzsteg. Schließlich fährt das Motorboot ab. Sein Tuckern wird leiser, je weiter sich das Boot entfernt...
& Es lassen sich noch viele solcher Geschichten finden: Eisenbahn-, Feuerwehr-, Morgen- oder Jahrmarktgeschichten.

Geräusch-Geschichten auf Instrumenten

& Cornelius meint, daß man mit der Stimme längst nicht alles »echt« nachmachen kann. Er versucht es mit der Hand und seinen Fingern. Er trommelt, er klopft, er klatscht, er scharrt oder kratzt und merkt dabei, daß Hände, ebenso wie die Stimme, eine Geschichte erzählen können. Man muß es nur versuchen und selbst ausprobieren!
Regen – Fellinstrumente (Tischplatte oder Fensterscheibe) werden mit den Fingerspitzen leicht und schnell getrommelt.
Wasser – Man streicht mit den Handspitzen leicht über die Saiten einer Zither (die Saiten im Innern eines Klaviers) oder die Stäbe eines Glokkenspiels.
Pferdegetrappel – Zwei Kokosnußschalen werden aneinandergeschlagen.
Feuer – Man knittert Alufolie oder Papier.
Auto – Auf einem Trommelfell oder einer Tischplatte wird mit den Fingern geschabt oder mit einem kleinen Besen gerieben.

Hör(Rate)-Spiele mit dem Tonband

& Muffi ist etwas skeptisch, ob tatsächlich alle Geräusche denen ähnlich sind, die man nachahmen wollte. – Mit einer Tonbandaufnahme läßt sich dies überprüfen. Außerdem macht es Spaß, sich selbst in seiner Rolle zu suchen und zu entdecken!
Für ein solches Hörspiel braucht man natürlich einen Plan und Spielregeln. Da keiner seinen Einsatz verpassen will, besteht die Gefahr, daß alle mit ihren Geräusch-Rollen durcheinanderpurzeln. Der Plan

ist in diesem Fall die Geschichte, aus deren Ablauf sich schließlich die Spielregeln ergeben.

Gemeinsam wird nun die Geschichte erdacht. Jeder sucht sich seine Rolle aus und überlegt sich gleich, wie er sie darstellt. Nachdem das Ganze nocheinmal duchgesprochen und die einzelnen Rollen »geprobt« wurden, heißt es aufpassen: Band läuft!

Natürlich wird es immer wieder passieren, daß ein Kind seinen Einsatz verpaßt oder ein anderes nicht warten kann, bis es an der Reihe ist. Durch schnelles Reagieren kann dann die Geschichte einen ganz anderen Verlauf nehmen. Einen solchen Seitenweg offenzulassen, ist besser, als durch plötzliches Abbrechen das begonnene Spiel zu stören.

& Hier einige Vorschläge für kleine Hörspiele:

Ein Baum wird gefällt – Supermarkt – Uhrenladen – Bauernhof – Bahnhof – Zahnarzt – Im Wald

Hörspiele ohne Tonband

& Wenn kein Tonband zur Verfügung steht, kann man einfach so tun als hätte man eines! Ein Kind übernimmt die Rolle des Ein- und Ausschaltens. Ein anderes spielt den kritischen Zuhörer, der aufpaßt, ob die Geräusche tatsächlich identisch sind und daß sie sich nicht alle zu sehr ähneln. Denn jetzt wird es schwer: Dieses Mal sind sich die Geräusche alle sehr ähnlich und man muß genau hinhören und unterscheiden können. Zum Beispiel folgende Geschichte:

& Es regnet. Tropfen fallen, sie fallen auf das selbstgezimmerte Kinderhaus im Garten. Aber wohin sie auch fallen, klingt es etwas anders. Einmal tropft es auf ein Holzbrett, auf Blech, auf Karton, in eine Pfütze, auf Glas oder einen aufgespannten Regenschirm. Es regnet stärker, es gießt und hagelt schließlich.

Damit die Sache nicht zu schwer wird, liegt eine Anzahl von Instrumenten und Gegenständen bereit. An diesem »Instrumentarium«, das etwa aus einem Luftballon, einer Flasche oder einer Gitarre bestehen kann, wird sich die Fantasie der Kinder entzünden.

Es gibt noch manch andere Geschichte, die sich ähnlich durchspielen läßt:

Pferde galoppieren über Wiesen, über Straßen, durch trockenes Laub, durch Bäche oder durch Gestrüpp.

Kastanien werden vom Herbstwind heruntergeschüttelt. Wohin können sie fallen?

Geschichten wie diese können bestimmt schon gespielt werden, ohne daß eine Auswahl an Instrumenten oder Material bereitgestellt wurde.

Methodische Spielvorschläge

Für Kinder ab 2 Jahren

Kinder in diesem Alter können sehr intensiv hinhören. Es macht nicht allzuviele Schwierigkeiten, sie zum Stillsein zu bringen. Am Erwachsenen liegt es, wie lange er die Aufmerksamkeit und Spannung erhalten kann, indem er etwa den Finger auf den Mund legt und eine erwartende Haltung zeigt.

Hinhören – Lauschen

Meist stürzt ein Kind spontan auf eine Klang- oder Geräuschquelle zu. Ebenso wartet es aufmerksam ab, bis etwas verklungen ist oder lauert gespannt auf das nächste Hörereignis.

Nachahmen

Nachahmen ist ein elementares Bedürfnis in diesem Alter. Dabei ist es nicht wichtig, daß das Kind sofort und richtig eine Sache nachahmt und wiedergibt. Vielmehr kommt es dabei auf seine spontane Bereitschaft an, alles aufzunehmen und auszuprobieren. Alltägliche Geräusche und Ereignisse wird es in seine Sprache übersetzen.

Sprachentwicklung

Die Sprache wird dabei zum Spielmaterial. Silben, Vokale, Konsonanten oder Wortfetzen werden zusammengesetzt, wiederholt oder variiert. So entdeckt das Kind neue Ausdrucksmöglichkeiten für sich.

& Geräusche, mit dem Tonband aufgenommen, sind zum Hören, Raten und Nachmachen sehr willkommen. Durch das Mikrofon verstärkt, sind die einzelnen Geräusche sehr deutlich und »griffig«. Gleichzeitig fällt das Gemisch anderer akustischer Umweltreize weg, so daß sie deutlicher wahrnehmbar sind.

& Geschichten aus Bilderbüchern können durch Geräusche, die das Kind an den entsprechenden Stellen mitspricht oder -singt, sehr lang und lustig werden.

Freies Spiel und Bewegung

Hat das Kind ein Geräusch gefunden, das es besonders zum Spiel anregt, so sollte man es möglichst lange dabei verweilen lassen. Der ganz kleine Mensch will dabei mitspielen. Stimme und Körper werden eingesetzt. Z. B.: Eisenbahn – Autos – Wind – Regentropfen – verschiedene Tiere oder auch Tätigkeiten wie Sägen oder Klopfen.

Bewegung der Hände und Finger

Auch beim Spielen auf einfachen Instrumenten kann das Kind seinen Körper einsetzen. Es freut sich, wenn es entdeckt, daß seine Finger dasselbe sagen wie seine Stimme!

Eisenbahn-Spiel! Geräusche aus der Umwelt des Kindes bieten Anreiz für Bewegungs- und Rollenspiele, in denen Sprache und Stimme fantasievoll eingesetzt werden.

Für Kinder ab 4 Jahren

Allmählich gelingt es, Höreindrücke mit der Sprache und auf Instrumenten immer besser einzufangen. Aber oft genügt es nicht, ein Kind nur das ausprobieren zu lassen, was es aus der Umwelt aufgreift. Es kann und soll entsprechende Geräusche selbst verursachen.

Stillsein – Hinhören – Ausprobieren

& Das Kind springt die Treppe herunter und steigt sie langsam wieder hinauf. Die anderen lauschen im Zimmer und »erzählen« ihm durch Klopfen, was sie eben gehört haben.
& Im anderen Zimmer wird mit dem Schlüssel gerasselt. Was war es für ein Geräusch?
& Mehrere Geräusche werden im anderen Zimmer verursacht. Sie sollen erraten und in der gleichen Reihenfolge nachgemacht werden.
& Wie lassen sich diese Geräusche mit der Stimme nachahmen oder auf Instrumente übertragen?
& Das Kind versucht das zu malen, was es hört.

Sprache als Instrument

Das Kind gebraucht jetzt Stimme und Sprache bereits recht differenziert. Für seine Geräuschimitationen benützt es Mund, Lippen, Zunge und Kehlkopf. Es zieht alle Register: es lacht, es brüllt, schluchzt, brummt, flüstert, quietscht oder piepst. Dann wieder spielt es mit Vokalen und Konsonanten. Es nimmt Worte auseinander, reiht Silben frei aneinander, wiederholt und variiert. Solche Geräusch-Spiele kommen seinen Ausdrucksmöglichkeiten und seiner sprachlichen Entwicklung zugute.

Imitation auf Instrumenten

Zunächst sind Instrumente für das Kind in diesem Alter so aufregend, daß es das Suchen nach einem bestimmten Klangbild (Geräusch) über dem Spiel am Instrument sehr oft vergißt. Es braucht deshalb zunächst erst einmal ein beschränktes »Instrumentarium« und einen konkreten Spieltip, der es fesselt.

& Musikalisches Rätsel. Der Erwachsene spielt ein Geräusch oder einen bestimmten Klang auf einem Instrument. Das Kind soll erraten, was es darstellt und wo es dies schon einmal gehört hat. Vielleicht bekommt es Lust dazu, auch den Erwachsenen raten zu lassen!

& Bilder aus Kinderbüchern, z. B. Tierbilder, eignen sich als Spielanreiz. Welche Klänge, Laute oder Geräusche gibt ein Wesen oder Gegenstand von sich? Wie klingt es, wenn er sich fortbewegt?
Dazu kann man dem Kind eine Anzahl einfacher Instrumente bereitlegen, unter denen es sich das aussucht, was seiner Klangvorstellung entspricht.

& Anreiz für Finger- und Bewegungsspiele auf Instrumenten (besonders Fellinstrumenten): – Zwei Züge begegnen sich – ein Motorrad und ein Auto fahren aneinander vorbei – das Klingelzeichen eines Fahrradfahrers zwingt ein Auto zum Bremsen...

Fantasie und Klangvorstellung

& Sicher wird ein Kind in diesem Alter noch keine zusammenhängende Geräusch-Geschichte erfinden können. Aber es kann bereits den Ablauf einer Tätigkeit als Kette von Geräuschen darstellen, zum Beispiel: Fällen eines Baumes – Der Briefträger kommt.

& Es liest sich selbst oder seiner Puppe aus einem Bilderbuch vor und »untermalt« die Geschichte mit den entsprechenden Geräuschen.

Für Kinder ab 5 Jahren

Musikalische Grundbegriffe können bereits jetzt spielerisch dem Kind vermittelt werden. Es ordnet sie in seinen Erfahrungsschatz ein, aus dem es ständig schöpft.

Klangverhalten

& Klänge und Geräusche verhalten sich nicht immer gleich. Dies kann das Kind leicht selbst feststellen. Zum Beispiel: Die Polizeisirene

klingt anders in dem Augenblick, wo das Polizeiauto direkt am Haus vorbeifährt. Oder: Ein näherkommendes Motorrad rattert anders als ein sich entfernendes.

Klangeigenschaften
laut – leise
lang – kurz
hell – dunkel

& Laute und leise Geräusche (Klänge): Das Kind klebt sich aus Bildern, die es aus alten Zeitschriften ausgeschnitten hat (Fahrzeuge, Tiere usw.) ein »lautes« und ein »leises« Bild.

& Gegenstände und Instrumente werden von ihm auf laut und leise abgeklopft und untersucht.

& Das Kind versucht laute und leise Klangwirkungen auf einem Instrument hervorzubringen.

& Lange und kurze Geräusche (Klänge): Beim Erklingen eines Geräusches hebt das Kind die Arme hoch. Sobald das Geräusch verstummt, sinken die Arme herunter.

& Lange und kurze Tondauern werden gemalt. Striche oder Punkte sollen das Gehörte auch auf dem Papier sichtbar machen.

& Das Kind versucht lange und kurze Klangwirkungen auf einem Instrument hervorzubringen.

& Helle und dunkle Geräusche (Klänge): Ausgeschnittene Bilder werden vom Kind nach hellen und dunklen Geräuschen geordnet, zum Beispiel: Vogelgezwitscher – Hubschrauber

Fahrradklingel – Motor eines Omnibusses
Miauen der Katze – Muhen der Kuh.
& Einander ähnliche Dinge werden nach Tonhelligkeit unterschieden, zum Beispiel verschieden große Glocken, ein kleines und ein größeres Glas, eine leere oder volle Flasche, die angeschlagen werden.

Gefühl für Rhythmus

& Einzelne Geräusche werden herausgegriffen, wie etwa der schwere Schritt eines Erwachsenen, das Hüpfen eines Kindes, das Amtszeichen des Telefons, das Ticken einer Uhr oder Pferdegetrappel. Diese kleinen rhythmischen Motive laufen in der Art der »Trommelsprache« reihum, von einem zum anderen. Sie werden durch die Wiederholung gefestigt und sind in ihrer Wiedergabe vom Erwachsenen leichter zu kontrollieren. Außerdem nimmt ein solches Spiel manch scheuem Kind die Angst, alleine etwas von sich geben zu müssen. In diesem Falle macht es nicht etwas vor, sondern gibt etwas Wichtiges weiter.
& Verschiedene Kinder (Gruppen) spielen verschiedene rhythmische Motive. Alle beginnen gemeinsam und achten darauf, daß sie »zusammenpassen«. Zum Beispiel im Uhrenladen gibt es Uhren, die gerade schlagen (bim – bam) und solche, die ticken (tick – tack). – Auf ein Bim (oder Bam) kommen zwei kurze Tick-Tacks!
& Zwei einfache rhythmische Motive können zu einer kleinen Kette zusammengesetzt werden. Etwa zwei Vogelrufe: zi-zi-be – rucke-digu. Auch dies kann erst mit Stimme und Sprache, dann auf Schlaginstrumenten in der Trommelsprache reihum laufen.
& In Zeichen für kurz oder lang werden solche Motive gemalt, es werden neue auf dem Papier erfunden und hinterher abgeklopft. Der Erwachsene kann anschließend die »richtigen« Notenwerte in Notenschrift darunterschreiben.

Gefühl für Dynamik

Es gibt Geräusche, die kommen und gehen, werden stärker und wieder schwächer, werden unterbrochen, wiederholen oder verändern sich.
& Ein Auto (Flugzeug, Pferd ...) fährt vorüber. Das Geräusch beginnt leise, wird lauter, erreicht seinen Höhepunkt und verschwindet langsam wieder. Mit seiner Stimme und auf einem Instrument versucht das Kind diesen Vorgang zu spielen.
& Zwei Fahrzeuge, die an verschiedenen Punkten starten, begegnen sich. Ein Bewegungs- und Instrumentalspiel für zwei Kinder (Gruppen). Dasselbe wird auch gemalt.
& Spielszene »am Bahnübergang«. Die verschiedenen Rollen werden auf die Kinder verteilt (Autos, Züge, das Klingeln der Schranke ...).

2. Akustische Versuche mit verschiedenem Material

Ist die Aufmerksamkeit des Kindes bewußt auf Geräusche aus seiner Umwelt gelenkt, wird es von selbst bestimmte Klangquellen näher untersuchen. Es wird das Gehörte wiederholen und variieren wollen. Nichts wird vor seinem Entdeckungseifer sicher sein. Und was entdeckt es wirklich? – Daß es kaum etwas in seiner kleinen, großen Welt gibt, das nicht klingt oder Geräusche macht. Der Erwachsene kennt bestimmt folgende Situation: Ein Kind läßt seinen Holzstecken beim Vorbeigehen an einem Gartenzaun entlanglaufen. Es entdeckt, welch schöne akustische Wirkung dabei entsteht und wird es wiederholen. Daheim versucht es dann dasselbe am metallenen Heizkörper.
Wasser – Glas – Holz – Metall – Papier – Plastik – Stein, jedes Material fühlt sich anders an, klingt anders, wenn man es fallen läßt, daran klopft, reißt oder kratzt. Hier kann man dem Kind stoffliche Eigenschaften bewußt machen. Es wird entdecken, wie breit z. B. die Spanne an »Holz«-Klängen sein kann, wie verschieden überhaupt Schall- und Klangphänomene eines Materials sein können. Ein Gespür für verschiedene Materialien zu entwickeln, Versuche mit Stoffen machen zu lassen, sind fürs erste wichtiger, als dem Kind eine Geige in die Hand zu drücken oder es vor ein Klavier zu setzen. Das Erfassen von den Klangmöglichkeiten eines Holzklotzes bis zu denen eines Bambusstabes ist Voraussetzung für das Klangverständnis einer Geige oder Flöte.
Ebenso ist es mit »Luft«-Tönen: Sie reichen vom Geräusch des Windes bis zur leeren Blechdose, wo die Luft erst entdeckt wird, wenn die Dose ins Wasser gehalten wird und Blasen blubbernd nach oben steigen. Dabei verbinden sich erste physikalische Grunderfahrungen mit der sinnlichen Neugier nach Klang und Geräusch, nach dem »Ton«, den jedes Lebewesen und jedes Ding von sich gibt – und den es zu entdecken gilt.

Wasser und Wassertropfen

Die Kinder hocken um eine große Plastikschüssel im Garten. Musik mit Wasser?

& Einer patscht einfach mit der flachen Hand ins Wasser. Jemand wirft einen Stein, ein anderer eine Handvoll Sand ins Wasser. Regina holt ein paar Zweige und rührt und peitscht das Wasser. Isabell läuft nach Strohhalmen, mit denen sie blubbern kann. Klaus-Dieter hat einen Trichter und einen dicken Plastikschlauch gefunden. Damit kann er nicht nur sehr laut blubbern, er kann auch ins Wasser singen und schreien.

& Jedesmal, wenn sich etwas Neues ereignet, hören die Kinder gespannt zu. Schließlich aber spielt jedes seine eigene Wassermusik und es wird ein wildes, nasses und lustiges Konzert!

Haben sich alle aus- und naßgetobt, läßt sich ein leises Spiel anschließen, das natürlich auch mit Wasser zu tun hat.

& Man kann zum Beispiel den Wassertropfen zuhören! In der Küche stehen alle Kinder um den Wasserhahn. Regina meint, alle würden viel zu laut atmen, denn »der Wassertropfen klingt so leise«. Atemlos und mit gespitzten Ohren horchen die Kinder.

& Isabell schiebt nun ein Glas unter die Tropfen. Indem das Glas sich mit Wasser füllt, verändern sich die Geräusche der Tropfen ständig. Stellt man ein Plastikgefäß darunter, entsteht wieder ein anderer Ton!

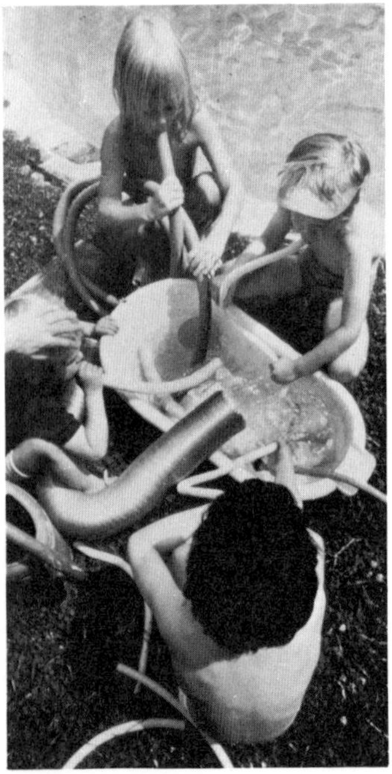

Ein Luftballon, eine Blechdose, eine Flasche, stets ergibt es einen anderen Klang!

& Wird der Wasserhahn weiter aufgedreht, trommeln die Tropfen schneller, dabei ändert sich auch der Ton. Je schneller sie tropfen, desto höher klingen sie.

& Jetzt fährt Philipp mit seinen nassen Fingern über die Haut eines aufgeblasenen Luftballons. Doris probiert dasselbe an der Fensterscheibe und bald ist die ganze Gruppe mit dem Luftballon-Fensterscheiben-Singsang beschäftigt.

Flaschen und Gläser

»Aber jetzt sind es ja Glas-Klänge«, meint da Klaus-Dieter. Nun, das war das Zauberwort! Warum nicht Klänge und Geräusche mit Glas?

& Flaschen und Gläser werden angeschlagen. Ganz verschieden helle und dunkle Töne werden dabei hörbar. Wieso klingt eine leere Flasche anders als eine volle? Wie klingt die leere, wie die volle? Bald wissen es alle, daß die vollen Flaschen heller klingen. Aber damit es jedem so richtig klar wird, füllen wir eine Reihe von langstieligen Weingläsern mit Wasser verschieden voll. Jedes Kind kann Wasser ausschütten und nachgießen. Die Gläser werden nun mit einem Plastikeierlöffel (damit es keine Scherben gibt) angeschlagen. Alle Kinder sind bei diesem Glas-Glocken-Spiel intensiv beschäftigt. Sie ver-

gleichen ihren Ton mit dem des Nachbarn, stellen dabei fest, ob er heller oder dunkler oder gar gleich ist und versuchen auch durch Ausschütten oder Hinzugießen sich dem anderen Ton anzugleichen oder zu entfernen.

& »Ich kann einen langen Ton mit meinem Glas zaubern« – Alle beobachten, wie Doris langsam mit dem nassen Finger oben am Glasrand entlangfährt. Das neue Spiel kann beginnen! Der Ton klingt wie geblasen. Und manche Gläser können dabei sogar zwei Töne hervorbringen.

& Natürlich kann man auf Glas auch richtig blasen. Man braucht nur den Mund an den Rand einer Flasche zu halten und versuchen über die Flaschenöffnung hinwegzublasen. Ein bißchen schwierig, aber mit Geduld ist es zu schaffen. Trotzdem ist dies kein richtiger Glas-Klang. Hier ist Luft mit im Spiel. Auch sie hat ihre eigene und vielfältige Sprache.

Wind, Atem, Luft

Auch Luft kann klingen! Zunächst denkt fast jedes Kind dabei an den Luftstrom, der als Wind bezeichnet wird. Gewiß, er saust durch die Bäume, braust durch den Wald, pfeift um die Ecken, orgelt im Kamin...

& In einer Flasche kann man z. B. den Ton des Windes, sein Jaulen und Heulen einfangen! Dazu stellt man eine leere Flasche, aus der ein Strohhalm ragt, ganz einfach in den Wind. Mehrere Kinder können dabei mit ein paar Flaschen ein richtiges Windkonzert machen.

& Aber auch unser Atem ist Luft. Man hört sie beim Einatmen – und beim Ausatmen kann man wahre Kunststücke damit machen. Je nachdem wie man die Lippen oder die Zunge formt und dabei die Luft ausströmen läßt, entstehen vielfältige Luftgeräusche und -töne: sssss – chchch – zzzzz – tsch – fff – www – oder man denke nur an das Pfeifen!

& Durch längere Plastikschläuche, wie man sie oft an Staubsaugern (oder als Abfall beim Elektriker) findet, lassen sich diese Atem-Luft-Geräusche noch verstärken. Als Telefon von einem Kind zum anderen, teilen sie dem Ohr unmittelbar diese Lufterfahrungen mit.

& Man kann mit dem Atemluftstrom einen Luftballon aufblasen und hinterher wieder die Luft herauslassen. Jedesmal sind die Geräusche sehr verschieden. Welcher Spaß, wenn man dann beim Ausströmen der Luft das Mundstück auseinanderzieht und dabei ein pfeifender, jaulender Ton hörbar wird. Er entsteht hier – wie beim Pfeifen – durch die Verengung des Mundes.

Oder man läßt einfach den aufgeblasenen Luftballon fliegen. Die Geräusche, die hierbei durch die ausströmende Luft entstehen, finden die Kinder genauso lustig, wie die Tatsache, daß der Ballon sich selbständig macht und wie eine Rakete davonschießt (Rückantrieb!).

& Und sogar hier ist Luft im Spiel: Eine leere Flasche wird ins Wasser getaucht. Blasen steigen blubbernd nach oben. Wo kommt die Luft her? – Die Flasche war nicht leer, sie war voll mit Luft, und Luft steigt, weil sie leichter ist als das Wasser, nach oben.
»Dann waren aber viele der Wassergeräusche auch Luftgeräusche!« meint Cornelius. – Stimmt!

Nußschalen, Bambus, Holz

Keinem Kind muß man erst klarmachen, daß Holz klingt und ganz bestimmte Geräusche von sich gibt. Öfter als es dem Erwachsenen lieb ist, hat er es schon erfahren. Pochen, Klopfen, Trommeln, Schlagen, Kratzen, Brechen, Knacken oder Schaben, all das hat das Kind gemacht, längst bevor wir ihm einen solchen Vorschlag machen konnten.
& Mit den Bauklötzen fängt es an! Sie werden aneinandergeschlagen, es wird geklopft mit ihnen während eines Liedes. Nicht selten geht dann ein Kind mit dem Bauklotz in der Hand von Möbel zu Möbel und macht seine Erfahrungen(!). Mit sichtlichem Vergnügen wirft es auch den mühsam gebauten Turm aus Bauklötzen um.
& Das Rollen einer Holzkugel wird mit Spannung verfolgt, ebenso ihr Aufprall auf ein Hindernis oder das Geräusch beim Hinunter»klopfen« über eine Holztreppe.
& Bald schon weiß ein Kind, wie ein massiver Holzblock oder ein

Baumstamm klingt, und es wird dieses Geräusch vom Klang eines hohlen Holzkastens unterscheiden können.

& Es liebt Klopfspiele mit den Fingerspitzen, Knöcheln, Fäusten oder mit der flachen Hand auf der Tischplatte.

& Es weiß, wie Holz- oder Bambusstäbe klingen können, wenn man sie aneinanderschlägt.

& Die zwei Hälften einer Kokosnußschale ergeben wieder einen völlig anderen Klang.

& Es lohnt sich, Nußschalen zu sammeln! Man kann herrlich damit rasseln.

& Treppengeländer geben sogar ganz verschiedene Geräusche von sich, wenn man mit der Hand entlangfährt. Ganz zu schweigen von Gartenzäunen oder etwa einer Holzleiter, die man mit einem Stock »bespielen« kann.

Pappe, Folie, Papier

Unvoreingenommen gehen Kinder an ein, wie es scheint, akustisch so unergiebiges Material wie Papier. Aber so unergiebig ist es gar nicht, nur braucht man möglichst viel davon, z. B. einen Haufen alter Zeitungen, große Tapentenreste, Lochkartenpapier in großen Mengen, das Reststück einer Papierrolle aus einer Zeitungsdruckerei, eine

nicht mehr aktuelle Faschingsdekoration oder, wenn sich nichts von all dem auftreiben läßt, ein paar Rollen Toilettenpapier. All dies wird meist von den Kindern spontan in Besitz genommen.

& Eine Materialschlacht! – Sie stürzen sich auf das Papier, ziehen es auseinander, knittern, reißen, wickeln sich ein, reißen ihr Gefängnis wieder kaputt, sie lassen die Fetzen fliegen, machen Papierknäuel, schießen sie aufeinander, werfen sich in den Papierberg, schieben und ziehen sich auf dem rutschenden Papier herum und erfahren so »Papier«.

& Nach solchen Spielen sind Kinder offen für feinere Nuancen. Seidenpapier fühlt sich anders an als Alufolie. Wenn man die beiden Papiersorten reißt oder knittert, klingt es völlig verschieden.

& Transparentpapier (Butterbrotpapier) kann über ein Marmeladenglas gespannt werden. Man kann sehr schön mit den Fingerspitzen darauftrommeln. Hält man den Mund an das Papier und singt, klingt es, wie wenn man auf einem Kamm bläst.

& Sand- oder Schmirgelpapier, über zwei Bauklötze gespannt, ergibt ein schabendes Geräusch, wie man es oft in der südamerikanischen Musik hört. Die Reibeflächen zweier Streichholzschachteln ergeben den gleichen Effekt, nur etwas leiser.

& Über Wellpappe kann man mit dem Fingernagel oder einem

Hölzchen hinwegfahren, oder sie schütteln und bewegen (Theaterdonner!).

& Waschmitteltonnen, Pappkartons und Pappröhren sind besonders beliebte Schlaginstrumente. Man sieht, hier gibt es doch mehr Möglichkeiten, als man anfangs gedacht hatte!

& »Jetzt haben wir beinahe das Knallen mit den aufgeblasenen Tüten vergessen.« Guy muß das nicht zweimal sagen!

Eisen, Stahl, Blech

Auch hier wird das Kind spontan und unwiderstehlich von den reichen Möglichkeiten für Klang, Geräusch und – Krach angezogen.

& Wer kennt nicht den Spaß des Kindes, wenn es schlüsselbundrasselnd durch die Wohnung zieht? Da Schlüssel im allgemeinen schlecht in Kinderhänden aufgehoben sind, läßt man das Kind sich seinen eigenen Schlüsselbund machen. An eine Schnur oder einen Drahtring reiht es sich selbst alte Schlüssel, Flaschenöffner, Ringe oder andere Dinge auf.

& Klingende Münzen und Geldbeutel – jeder weiß um ihre Anziehungskraft. Mit Begeisterung werden die Münzen im Geldbeutel geschüttelt oder nacheinander ins Sparschwein geworfen. Auch hier kann man das Geld durch Metallknöpfe oder andere Metallkleinteile,

den aktuellen Geldbeutel durch einen alten, das Sparschwein durch eine Blechdose mit Schlitz ersetzen.

& Die Besteckschublade in der Küche wird durch ihren klirrenden und klingenden Inhalt nicht selten für das Kind ein Anreiz zum »Ordnen« sein.

& Die Küche ist überhaupt ein ideales Jagdrevier: Töpfe, Siebe, Trichter, Becher lassen sich beklopfen, nach Klang untersuchen oder Vergleichen. Das Kind wird sie auch mit verschiedenen Dingen füllen, sie schütteln und damit rasseln. Dafür findet es bestimmt in Vaters Werkzeugkiste oder Mutters Nähkorb einiges, was es dafür brauchen kann wie Nägel, Schrauben, Metallringe, Plättchen, Kugeln, Knöpfe, Fingerhüte ...

& Topfdeckel, die gegeneinandergeschlagen werden, ergeben einen zymbelartigen Klang.

& Kuchenbleche, Ofenroste oder Metallfolien können angeschlagen oder bewegt werden und klingen nach »Donnerkrach« im Theater.

& Dosen bekommen noch eine Gnadenfrist, bevor sie in den Müll geworfen werden. Nicht nur zum Trommeln oder Rasseln werden sie verwendet, sondern auch, um Türme zu bauen, die man aus Lust am Getöse immer wieder umwerfen kann. Ebenso kann man damit »kegeln«.

& Durch Ofenrohre, Metallröhren oder Duscheschläuche können kleine Metallteile hindurchgeschickt werden. Man rollt oder schüttelt sie. Viel Spaß macht eine kleine Stahlkugel, deren Weg durch einen Metallduscheschlauch das Kind akustisch mitverfolgen kann.

& Schließlich gibt es in jedem Haus Einzelteile von kaputten Dingen. Man sollte hier zerlegen und umfunktionieren lassen. Fahrradklingeln, Spieluhren, Wecker, Spielzeugtelefon ...

Stein, Beton, Ton

Für Kinder sind Steine nicht stumm und tot. Selbst wenn dies ihnen gesagt wird, lassen sie sich dadurch nicht in ihren Erkundungen nach dem »Ton« der Dinge stören.

& Sicher, eine Mauer oder ein Fels gibt kaum etwas an Klang her. Man muß schon hämmern, schaben oder kratzen.

& Da klingen zwei Steine, die man aneinanderschlägt, schon viel besser.

& Interessant wird es, wenn man Steine in ein steiniges Flußbett wirft. Ganz deutlich kann man hier den trockenen, aber klar abgegrenzten Klang wahrnehmen. Kleine Steine – hohe Töne, große Steine – tiefe Töne.

& Dieselbe Wirkung zeigt sich, wenn die Steine ins Wasser geworfen werden. War das Geräusch tief, weiß man erst richtig, was für ein Brocken das war!

& Fast jedes Kind hat irgendwann schon einmal mit herumliegenden Kanalisationsröhren gespielt. Es ist in sie hineingekrochen, hat vielleicht hallende Wortspiele gemacht oder mit einem großen Stein daraufgeklopft und gestaunt, daß ein Stein so laut klingen kann.
& »... sie sind so schön laut« – das sagt es auch, wenn es immer wieder seine Rassel ausgerechnet mit Kieselsteinen füllt.
& Porzellan- oder Tongeschirr geben einen ganz deutlich wahrnehmbaren »schönen« Klang. Man braucht nur ein paar Blumentöpfe an Schnüren aufzuhängen, schon hat man ein Blumentopf-Glockenspiel.

Plastik und Styropor

Hier lohnt es sich, den »Sperrmüll« so mancher Haushalte für die kindlichen Experimente zu sammeln und noch eine Weile vor dem Wegwerfen zu retten.
& Joghurtbecher können an einer Schnur zum Schütteln aufgereiht werden. Aus zwei Joghurtbechern wird ein Telefon gebastelt. Man verbindet beide Becher mit einem Bindfaden, setzt sie als Hörer an die Ohren und zieht den Faden an oder läßt ihn locker. Auch Zupfen des Fadens mit den Fingern kann sehr interessante Wirkungen hervorbringen, die »unter die Haut gehen«.
& Gerillte Plastikschläuche, wie sie vom Elektriker zu haben sind,

eignen sich zu Telefonen. Es kann aber auch der gesprochene oder gesungene Ton mit dem wippenden und wackelnden Schlauchende im Raum umhergeworfen werden (»Elefantenrüssel«). Schließlich entstehen beim Hineinblasen sich überschlagende Töne.

& Verpackungsmaterial aus Styropor eignet sich hervorragend zum Befühlen, Kratzen, Schaben, Trommeln oder Brechen. Große hohle Styroporkugeln, wie sie für Dekorationszwecke verkauft werden, sind beliebte Rasseln, die man auch rollen lassen kann. Wenn aus einer solchen Kugel ein größeres Loch mit Pergamentpapier bespannt wird, kann man mit dem Ohr seine wahren Wunder erleben.

& Plastikdosen, -eimer, -schüsseln, -flaschen sind in ihrer Eignung für solche akustischen Experimente wohl so eindeutig, daß hier nicht weiter aufgezählt werden muß.

& Oder man kann viele Ping-Pong-Bälle zum Rollen, Rasseln, Werfen, Hüpfenlassen, Einsammeln, von einer Schüssel in die andere schütten.

Methodische Spielvorschläge

In diesem Bereich ist eine Aufteilung von einzelnen Spielen und Aufgaben für bestimmte Altersgruppen nicht sinnvoll.

Einmal können bereits sehr kleine Kinder experimentelle Erfahrungen an Stoffen machen (meist tun sie es von sich aus). Zum anderen sollte jedes Kind, auch ein älteres, von dem Erwachsene glauben, es sei schon »weiter«, diese Grunderfahrungen durchgemacht haben. So banal manche Anregungen hier aussehen mögen, so glaube ich doch, daß vielen Kindern zu wenig Möglichkeit zu solchen Experimenten geboten wird. Hier spielen einige Gründe mit: unter anderem eine oft sterile häusliche Umgebung, wo perfektes durchgetestetes Spielzeug den Vorrang vor rohem, »müllverdächtigem« Material hat, oder der Zugzwang zum Lernziel, dem sich manche Pädagogen sehr stark ausgesetzt sehen. Sie akzeptieren diese Erfahrungen als solche gerade noch, möchten sie jedoch möglichst schnell hinter sich lassen.

Was dieses Kapitel an Voraussetzungen braucht, ist für Eltern und Pädagogen gleichermaßen wenig und doch viel. Gering ist hier der äußere Aufwand: Man arbeitet mit Dingen, die man überall findet oder ohne Mühe und mit wenig Geld auftreiben kann. Kein besonderer Raum, ja oft nicht einmal ein Raum – viele Dinge können im Freien gemacht werden –, kein teures Instrumentarium ist notwendig. Ob es sich um ein einzelnes Kind oder eine organisierte Kindergruppe handelt, ist ebenfalls für viele Spielanstöße nicht wichtig.

Dagegen wird dem Erwachsenen sehr viel Toleranz, Geduld und Bereitschaft für das arbeitende Kind abverlangt. Toleranz dem entstehenden Krach gegenüber, Geduld zum Abwartenkönnen und die Bereitschaft, Unordnung eine Weile unter diesen Gesichtspunkten zu ertragen.

Fühlen – Tasten – Erkennen

& Steine, Glaskugeln, Legobausteine, Schrauben, Kastanien ... liegen auf dem Tisch. Mit verbundenen Augen soll nun ein Kind mit seinen Händen diese Dinge »erraten« und »ertasten«. Es soll fühlen, was es sein könnte und sagen, was es schließlich erkannt hat.

Zuordnen und Einteilen

& Alle gleichen Dinge werden zueinandergelegt.
& Von jeder Sorte wird eine ganz bestimmte Menge weggelegt.
& Es werden Häufchen gemacht, in denen jedes Ding nur einmal (zweimal, dreimal) vertreten sein darf.

Hören – Vergleichen

& Jedes Kind sucht sich aus den vielen kleinen Sachen (immer nur eine Sorte!) die aus, mit denen es seine Rassel füllen möchte (Dose für jedes Kind aus demselben Material). Wie klingen nun diese Dinge? Wie unterscheiden sie sich von anderen?
& Die Rasseln werden in die Mitte gestellt und wie beim Kartenspiel »gemischt«. Wer findet die seine?
& Jedes Kind nimmt ein einzelnes Ding aus seiner Rassel und läßt es auf das Fell eines Tamburins (Tischplatte, Kuchenblech ...) fallen. Der Klang wird wahrgenommen und mit den anderen verglichen.
& Hinter einem Tuch wird dasselbe von einem Kind wiederholt. Die anderen sollen hören, was fallengelassen wurde.
& In eine »Sparbüchse« (Dose mit Schlitz) werden verschiedene Münzen, Plättchen, Ringe, Nägel, Perlen ... geworfen. Auch hier: was war es?

Differenzieren

& Einige Gegenstände im Zimmer werden beklopft oder angeschlagen. Mit verbundenen Augen soll das Kind hören (und zeigen), aus welcher Richtung das Geräusch kommt.
& Stoff, Plastikfolie, Papiersorten werden gerissen, gerieben, geknittert. Ohne hinzuschauen soll gehört werden, welches Material es war.
& Eine Reihe von Dingen aus gleichem Material wird dem Kind vorher gezeigt. Anschließend soll es mit verbundenen Augen deren oft sehr ähnliche Geräusche bestimmen. Wenn man es schwierig machen möchte: ordnen lassen von lauten und leisen Geräuschen.
& Eine Holzkugel rollt über den Fußboden. Immer wieder sind es andere Hindernise, gegen die sie prallt. Wand, Kuchenblech, Holz-

brett, Glas ... die Kinder sollen, ohne hinzuschauen, herausfinden, aus welchem Material das Hindernis beschaffen war.
& Eine Reihe von Gegenständen, die vorher den Kindern gezeigt wurden, sollen nun von einem der Kinder mit einer Holzkugel »umgekegelt« werden. Was wurde getroffen?
& Kugeln aus verschiedenem Material (Glasmurmeln, Gummibällchen, Ping-Pong-Bälle, Styroporkugeln ...) prallen an ein Hindernis oder springen nacheinander eine Holztreppe hinunter. Welche Kugel war es?

Einordnen

& Tonreihen und Tonleitern werden zusammengestellt:
beim Spiel mit verschieden gefüllten Rasseln,
beim Spiel auf Dosen und Kartons,
beim Spiel mit Gläsern, Flaschen und Blumentöpfen.
& Jedes Kind stellt einen Ton dar. Es muß sich selbst mit den anderen vergleichen, nach oben oder unten rücken.

Übertragen auf Instrumente und Stimme

& Die Beobachtungen an Wassertropfen werden auf Instrumente, zum Beispiel verschieden gestimmte Tamburine, übertragen (Fingerspitzen!).
& Kugeln hüpfen die Treppe hinunter. Der Rhythmus der Aufschläge wird von den Kindern auf Fellinstrumenten nachgeklopft.
& Weiche und harte, rauhe und glatte Dinge sollen getastet und gefühlt werden. Was ist es? Wie läßt sich dies auf Instrumenten »spielen«? Welche Instrumente könnten hierfür besonders geeignet sein?
& Spielmöglichkeiten dynamischer Art: Regentropfen und Wind. Die Kinder werden in zwei Gruppen geteilt. Bei anwachsendem Wind verstärkt sich auch das Prasseln der Regentropfen.

Ergänzende Spiele

Oft erleichtern Spiele, die aus anderen Bereichen kommen, den Bezug zum Material und verlängern die Lust »dranzubleiben«.
& Dosen, Kästen, Steine, Schachteln, Hölzer regen jedes Kind zum Stapeln, Bauen und wieder Zerstören an. So kann es seine Beziehung zum Stoff vertiefen.
& Steine, große Styroporkugeln, Verpackungsmaterial, Waschmitteltonnen, Papprollen, Luftballons können angemalt werden.
& Lieder singen lockert auf. Man kann die Lieder mit Holzstäben, Bauklötzen oder Kokosnußschalen rhythmisch begleiten.
& Tonbandaufnahmen oder -montagen verdeutlichen und verstärken bestimmte Hörereignisse. Sie ermöglichen Gegenüberstellung und Identifikation mit der eigenen Äußerung.

3. Selbstgebaute Instrumente

Die Erfahrung am Material, der scheinbar planlose und spielerische Umgang damit, sollte einem Kind immer wieder geboten werden. Auch das ältere Kind braucht diesen Zugriff zu Material in bunter Vielfalt. Es wird dann von sich aus seine Erfahrungen und Ideen ausbauen, weiterführen und aus diesem »Werkstoff« etwas entstehen lassen, wie es ihm seine Fantasie eingibt. Es entdeckt hierbei Töne, Geräusche und Klänge, die es immer wieder hören und erzeugen will. Es versucht, sie zu verändern oder mit anderen zu kombinieren. So entsteht sein Wunsch nach einem »Instrument«.

Aus Karton, Kunststoff, Holz oder Blech kann das Kind sich sein Instrument selbst herstellen und dazu wird es all sein handwerkliches Können einsetzen. Wenn es dann noch mit dem Handwerkszeug der Großen umgehen darf, fördert dies seinen Arbeitseifer gewaltig!

Dieser Eifer entspricht jedoch nicht immer der Durchhaltekraft eines Kindes. Es kann bei allem Spaß an der Sache nicht lange »dran« bleiben. Hier sind die Spielperioden je nach Alter, Entwicklungsstand und augenblicklicher Situation ganz verschieden. Dabei kann die Gruppe helfen, indem Arbeiten aufgeteilt werden und Unfertiges gemeinsam zu Ende geführt wird.

Vom gemeinsamen Bauen der Instrumente ist es dann nur ein kurzer selbstverständlicher Schritt zum gemeinsamen Spiel. Und bei diesem Spiel können die Kinder, bei entsprechenden Anregungen, durchaus von chaotischem Lärm zu regulierten musikalischen Spielabläufen kommen. Sie lernen dabei einem anderen zuzuhören, als »Dirigenten« bestimmte Instrumenten- oder Klanggruppen erklingen zu lassen oder in ersten Improvisationsspielen gewisse Spielregeln zu beachten und zu akzeptieren.

Wie man sich leicht vorstellen kann, haben selbstgbebaute Instrumente meist eine kurze Lebensdauer. Sie müssen nicht größere Belastungen aushalten oder geschont werden. Der Werkstoff besteht vorwiegend aus billigem Material. Das Kind darf sein Instrument einfach zerspielen, denn morgen kann es sich wieder ein neues bauen!

Es lohnt sich, alles zu sammeln, was daheim abfällt! Zunächst mag es manchem Erwachsenen schwerfallen, sich ein Instrument aus Teppichstangen, Blechdosen, Papprollen, Tennisbällchen, Gummis, Draht oder Holzresten vorzustellen. Ein Kind geht unbefangen und voll Fantasie und Energie an die Arbeit.

Klangspiele

»Mein Instrument soll immer klingen, auch wenn ich nicht darauf spiele« sagt Julia und fügt noch erklärend hinzu: »Ein Kling-immer-Spiel!« Das scheint schwer... Aber etwaige Bedenken werden von Guy schnell hinweggefegt: »Ein Bild ist ja auch immer ein Bild – und bunt.« Also muß es doch irgendwie gehen!

& **Klangmobile.** Es entsteht die Idee, ein Mobile zu bauen. Selbst wenn man nicht dauernd daran spielt, so kann doch ein Luftzug oder eine Erschütterung die verschiedenen aufgehängten Figuren zum Klingen, Klirren oder Klappern bringen. Vorausgesetzt, sie segeln nicht wie beim richtigen Mobile knapp aneinander vorbei, sondern stoßen sich gegenseitig leicht an.

& **Windspiel.** Viel Spaß macht bereits das Aussuchen des klingenden Materials für das Windspiel. Es wird auf Klang ausprobiert, angeschlagen, abgesägt, zerkleinert, zusammengeklebt, geknüpft, angemalt und schließlich an Drahtringen, Rädern, Holzstäben oder Klei-

derbügeln festgemacht und aufgehängt. Nicht immer klappt es beim Ausbalancieren. Oft verlagert sich das Gewicht, oft berühren sich die aufgehängten Teile nicht und das Klangspiel dreht sich und schwingt tonlos in der Luft. Schließlich hängt doch einiges an der Decke. Die folgenden Vorschläge seien als Anregungen gedacht, die sich beliebig von den Kindern erweitern und variieren lassen.

& **Metall-Klangspiel.** Volle, glockenartige Klänge entstehen, wenn man Teppichstangen verschieden lang absägt und aufhängt. Genauso schön können auch Löffel, Drahtspiralen, Stahlfedern oder Blechdeckel zusammenklingen.

& **Plastik-Klangspiel.** Joghurtbecher und rasselnde Tennisbällchen (mit Drahtstückchen gefüllt) werden an Gummis festgemacht. Herunterziehen und loslassen!

& **Papprollen-Klangspiel.** Bunt angemalte Papprollen (Toilettenpapier) Garnrollen oder Gardinenkugeln können lustige Geräusche zaubern.

& **Glas-Klangspiel.** Ausgediente Christbaumkugeln, Glas- und Spiegelstücke klingen sehr schön, wenn ein leiser Luftzug sie aneinanderstoßen läßt (Vorsicht, zerbrechlich!). Über der Heizung, außer Reichweite von Kinderhänden, sind sie gut aufgehoben und ständig in Aktion.

& **Schildpatt-Klangspiel.** Schildpattplättchen oder durchscheinende Granulat-Formen sind nicht nur von optischem Reiz. Hängt man ein solches Klangspiel vor eine Fensterscheibe, so reagiert es nicht nur auf Luftzug, sondern auch auf vorüberfahrende Autos. Man kann kleine Glöckchen »dazwischenschalten«.

& **Bambus-Klangspiel.** Verschieden dicke Bambusstäbe werden in ungleiche Teile gesägt und aufgehängt. »Sie schwätzen« meint Guy und er möchte sie unbedingt an seiner Kinderzimmertür aufhängen, weil sie da sehr viel zu schwätzen haben.

& **Objekt-Klangspiel.** Tobias schlägt vor, daß alle gemeinsam an einem riesengroßen Klangspiel bauen sollten. Dabei ist es nicht wichtig, wie groß oder wie klein die Gegenstände sind. Die Hauptsache ist, daß sie klingen und sich aufhängen lassen. Aber wo? – »Ein Baum wäre vielleicht groß genug« meint Cornelius. Nun, das Programm für den nächsten schönen Tag steht fest. Vielleicht läßt sich ein Baum finden, den man besteigen, behängen und bespielen kann!

& **»Schellenbaum«.** Ein umgedrehter Besen wird mit Blumentöpfen, Blechdosen, klapperndem, rasselndem, klirrendem oder knatterndem Zeug bestückt. Stolz tragen ihn die Kinder durch das Haus. Jeder möchte einmal Anführer sein. Schließlich holt man sich Instrumente (oder andere klingende Gegenstände) und fertig ist der Musikkapellenumzug.

& **Schießbude.** Was liegt jetzt näher, als an den Rummelplatz zu denken? Der Schellenbaum wird zur Schießbude. Mit einem kleinen harten Gegenstand können nun die einzelnen aufgehängten »Klang-Ziele« abgeschossen werden. Jeder Schuß klingt anders!

& **Klangraum.** Ein Raum voller Klangspiele und anderer geräuschvoller Hindernisse! Das alles ist knapp über den Köpfen der Kinder, an Schnüren aufgehängt. Auf ein Zeichen, das die Kinder unter sich verabreden, schwärmen sie aus. Mit ausgestreckten Händen erfahren sie so immer neue Klänge und Geräusche. »Wir hören genau, wie wir uns bewegen«, sagt Ekki. Auf ein zweites Zeichen stehen alle still. Alle lauschen sie den Klängen nach und warten, bis auch der allerletzte Ton verschwunden ist.

Tobias möchte einmal ganz alleine seinen »Klangweg« gehen. Die anderen sollen mit geschlossenen Augen zuhören und schließlich versuchen, denselben Weg zu finden.

& **Labyrinth.** Hat sich das Baufieber und das anschließende geräuschvolle Ausprobieren etwas gelegt, ist wieder eine gewisse Bereitschaft für die Stille da. Gemeinsam wird versucht, einen leisen Weg durch das Geräuschlabyrinth zu finden. Das kann sehr schwierig sein, wenn knirschende Erbsen, Papier und knisternde Folie, wackelnde Büchsentürme und herunterhängende Klangstäbe den Weg versperren! Laute und leise Aktionen können auf ein bestimmtes Zeichen abwechseln.

& **»Instrumente zum Anziehen.«** »Nun fehlen uns nur noch Instrumente zum Anziehen«, meint Cornelius. Warum nicht? Bereits das Überlegen macht Spaß. Eine Kiste mit alten Kleidern, ein paar Haushaltsgegenstände und viel Fantasie, mehr braucht man nicht dazu. Am besten, man probiert die Wirkung von solchen »Instrumenten« beim Tanzen aus!

Hier ein paar Vorschläge: Rasselpumphosen – Schellenhüte – Klangmützen – Glöckchenarm- und Fußbänder – Rasselrucksack – Holzblockschuhe – Bürstenschuhe – Trommelranzen – Klanghandschuhe – Zupfhosenträger – Klanggürtel.

Tatsächlich gibt es tausend Möglichkeiten, Klangerzeuger oder Instrumente zu erfinden und selbst zu machen. Da es sich hier um kein musikalisches Bastelbuch handelt, sollen lediglich kurze Hinweise genügen:

Instrumente zum Schlagen, Trommeln, Klopfen oder Schütteln

& **Trommeln.** Man kann Waschmitteltonnen mit verschiedenem Material bespannen, z. B. mit Stoff, Pergamentpapier, Einmach- oder Plastikfolie. Danach werden sie angemalt oder bunt beklebt.

& **Bongos.** Papprollen oder -röhren, verschieden dick und lang, kön-

nen ebenfalls verschieden bespannt und aneinandergebunden werden. Für Bongos eigenen sich auch Pappmachéformen. Dabei wird die feuchte Masse über Marmeladengläsern oder Blechdosen geformt und nach dem Trocknen abgelöst.

Variation: Über den Verschlußdeckel einer Papprõhre oder eines Marmeladenglases wird ein Gummi gespannt. Anziehen und loslassen! Dasselbe Geräusch wird wesentlich verstärkt, wenn durch den Gummi ein Knopf, Ring oder eine Kugel gezogen werden.

& **Schellenkiste.** Man kann über einen offenen Karton (Kiste) eine Schnur ziehen, an der eine Reihe rasselnder und klingelnder Kronen-

verschlüsse oder Blechdeckel aufgefädelt sind. Je nach Größe des Kartons können es mehrere Schnüre sein. Anzupfen oder schütteln!
& **Schellentamburin.** Am runden Deckel einer Waschmitteltonne oder einer Keksdose wird eine Schnur mit Schellen (s. o.) in gewissen Abständen locker befestigt.
& **Rasseln.** Außer hohlen Styroporkugeln und Blechdosen lassen sich auch Plastikflaschen mit Reis, Nudeln, Erbsen o. ä. füllen. Man kann schließlich die Öffnung mit einem passenden Holzstab verschließen, der gleichzeitig als Griff dient. Überkleben mit mehreren Schichten von feuchtem Zeitungspapier, dann trocknen lassen und anmalen!
& **Kastagnetten.** Kastagnetten aus Kokosnußschalen klingen täuschend echt! Aber auch aus zwei Nußschalen, die man mit einer Schlaufe an den Fingern befestigt, lassen sich klingende Fingerspiele machen (Plastikverschlußkappen von Flaschen).
& **Xylophon.** Eine geschlossene Pappschachtel mit ausgeschnittenem Loch dient als Resonanzkasten. Eine Papprohre (oder Bambusrohr) wird darüber gelegt. Es sollte aber an beiden Enden an einem Stück Filz oder Tesamoll auf der Schachtel aufliegen. Dieses Ein-Ton-Xylophon kann später erweitert werden:
Variation: Mehrere verschieden lange und dicke Holzstäbe, Metallrohre oder Bambusstücke lassen sich nach Tonhöhen ausrichten und auf einem geeigneten Resonanzkasten anordnen.

Instrumente zum Blasen

& **Weidenflöten.** Eine Weidenflöte erfordert einiges Geschick und auf jeden Fall die Hilfe eines Erwachsenen. Eine gute Gelegenheit, um mit Vaters Taschenmesser umgehen zu lernen! (s. Abb.)
Die Tonhöhe von Weidenflöten läßt sich verändern, wenn man im ausgehöhlten Holz einen Holzstöpsel oder Pfeifenputzer verschiebt.

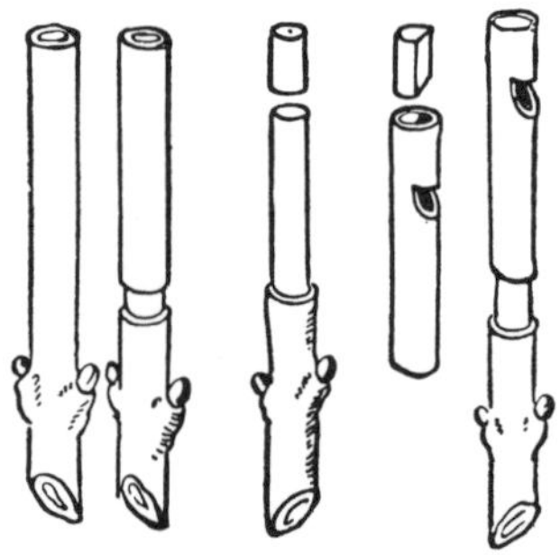

& **Panflöten.** Sie werden aus verschieden langen Bambusstücken oder Papprohren hergestellt. Nachdem sie nach Höhen und Tiefen ausgerichtet wurden, bindet man sie mit einem Stück Bast oder klebt sie mit Tesaband fest aneinander. Über den Rand hinwegblasen!
& **Plastikschläuche.** Mundstücke von Blasinstrumenten (man bekommt sie im Musikgeschäft), Pfeifen, Trichter oder Flötenköpfe kann man auf Plastikschläuche setzen. Dabei ergeben sich die verschiedenartigsten Klänge, die schließlich noch durch die Windungen des Schlauches verändert werden können.

Instrumente zum Zupfen, Streichen und Reiben

& **Zupfschachtel.** Über eine Pappschachtel werden Gummis gespannt. Hier lassen sich verschiedene Tonhöhen unterscheiden.
& **Saiteninstrument.** Um einem Kind Grundsätzliches zu einem Saiteninstrument klarzumachen, kann man mit ihm zusammen folgendes einsaitige Instrument bauen: Auf ein geschlossenes Kistchen, in dessen

Deckel ein Loch gesägt (geschnitten) wurde, werden zwei Holzleisten aufgeleimt. Zwischen diesen spannt man einen Nylonfaden, der an zwei Ringschrauben festgemacht wird. Durch Drehen der Schrauben verändert sich mit der Spannung der Schnur auch die Tonhöhe stufenlos.

& **Gitarre, Zither, Harfe.** Instrumente solcher Art können nach den beiden vorangegangenen Grunderfahrungen von Kindern sehr fantasievoll und eigenwillig gebaut werden. Mit Hilfe von Schachteln, Kistchen, Gummis, Nylonfäden, Schnüren oder Saiten, Holzleisten, Nägeln und Hammer kommen sie selbst auf die besten Ideen.

& **Hebelgeige** (nach Kagel). Aus einer Zigarrenkiste, Stöcken und einer Paketschnur kann eine Geige entstehen. Der eine Stock wird eingekerbt, und ein Nagel quer durchgeschlagen, der gleichzeitig den zweiten Stock (Hebel) festhält. Die Zigarrenkiste ist auf den Stock geleimt. Ein Ende der Paketschnur wird unten am Stock mit einem breiten Nagel, das andere Ende oben am Hebel befestigt. Durch Druck auf den Hebel läßt sich nun die Spannung der »Saite« (Paketschnur) verändern.

& **Zupfblock.** Stahlstifte, Stricknadeln oder Stahlspiralen werden in einen Holzblock gehauen oder gesteckt. Man zupft daran oder fährt mit einem harten Gegenstand darüber hinweg.

& **Zupfhölzer.** Dünne Holzleisten oder Bambussplitter werden zwischen zwei Bretter geklemmt und so befestigt, daß sie verschieden lang herausragen. Zupft man daran, so entsteht dabei ein schnarrendes Geräusch, nach Tonhöhen verschieden, je nach Länge des angezupften Holzes. Hier sind die Schwingungen deutlich zu sehen und zu fühlen!

& **Grillrostharfe.** An einem metallenen Rost werden an Fäden verschiedene Gegenstände (Kugeln, Tennisbällchen o. ä.) so aufgehängt, daß sie gegen die Metall-»saiten« schlagen. Als Gong hinter einer Tür! Variation: Noch schöner klingt es, wenn man ein Dreieck aus Holzleisten mit Nylonfäden bespannt und dieses dann auf einen Resonanzkasten aus Holz oder Pappe leimt. Hier sind, durch die verschiedene Länge der Saiten, auch verschiedene Töne zu unterscheiden.

& **Ratsche.** Zwei Bauklötze werden mit Sandpapier überzogen und aneinandergerieben. Typische Ratschgeräusche sind zu hören, wenn das Kind mit einem Stock ein gekerbtes Brett oder einen gerillten Plastikschlauch abfährt.

Kollektivinstrumente

Kollektivinstrumente sind Instrumente, die von allen Kindern gemeinsam gebaut und dann auch gemeinsam »bespielt« werden.

& **Geräuschnetz.** Ein Fischernetz (Tischtuch) wird ausgeworfen und

von den Kindern mit verschiedenstem Klangmaterial gefüllt (keine schweren und kantigen Gegenstände). Jedes Kind faßt einen Zipfel mit an und gemeinsam wird nun agiert. Der klingende Inhalt wird geschüttelt, gerollt oder durch das Spannen des Tuches in die Höhe geworfen und wieder aufgefangen. Jede Bewegung der Kinder wird hörbar – sie muß aber gleichzeitig so abgestimmt sein, daß kein Gegenstand herausfällt. Auch als Tanzspiel zu Musik!

& Auf ein entsprechendes Zeichen sollen die Kinder sich so bewegen, daß möglichst kein Geräusch im Tuch entsteht.

& **Klangtunnel.** Eine Reihe offener Kisten, Kartons oder Waschmitteltonnen werden als Tunnel hintereinandergestellt. Von oben herab hängen klingende Gegenstände, die von einem durchrollenden Ball oder Spielzeugauto angestoßen und dadurch zum Klingen gebracht werden (auch zum Durchkriechen).

& **Klangtreppe (Tonleiter).** Eine Treppe oder Leiter wird mit geräuscherzeugendem Material bestückt. Ein Gegenstand, etwa eine Kugel, rollt hinunter und bringt dabei ganz verschiedene Dinge zum Klingen. Sie rollt durch Pappröhren, hüpft über das Fell einer Trommel, rappelt über ein gekerbtes Brett, fällt durch eine durchlöcherte Blechdose, auf Alufolie, verstummt auf einem Stück Schaumgummi…

& Anschließend sollte man umbauen: Die Geräusche und Klänge werden nach Helligkeitsgraden von oben nach unten geordnet.
& **Klangwand.** Ein Tuch (Vorhang) wird mit klingenden Dingen behängt, an denen die Kinder spielen können. Noch lustiger sind von oben nach unten gespannte Schnüre, wo sich die Kinder diesseits und jenseits der Wand sehen und musikalisch unterhalten können.
& **Wandklavier.** Vielleicht läßt sich irgendwo ein defektes Klavier ausfindig machen, bei dem sich eine Reparatur nicht mehr lohnt (evtl. durch Kleinanzeige in der Tageszeitung). Eltern können mithelfen es zu zerlegen. Der Stahlrahmen mit den Saiten kann an der Wand festgemacht werden. So können die Kinder an den Saiten zupfen oder mit Schlegeln daran schlagen. Wenn man von oben an Fäden Schrauben, Nägel, Kugeln o. ä. herabhängen läßt, ergeben sich weitere vielfältige Spielmöglichkeiten.
& **Spielhaus.** Aus Kartons oder alten Schränken bauen sich die Kinder »ihr« Musikhaus, versehen mit Klingel, Briefkasten und Telefon. Abwechselnd singen, spielen, reden sie darin, schließen sich ab oder nehmen mit der Außenwelt Kontakt auf. Manchmal lassen sie die Draußenstehenden raten, welches der selbstgemachten Instrumente sie gerade spielen.

& Beim Bau und gemeinsamen Spiel an Kollektivinstrumenten ist es möglich, ganz verschiedene Altersgruppen an einem Projekt zu beschäftigen.
Größere Kinder bauen für kleinere!
Erwachsene bauen mit oder für ihre Kinder!

Methodische Spielvorschläge

Für Kinder ab 2½ Jahren

Wieviel Spaß bedeutet es für ein Kind in diesem Alter, etwas Rasselndes oder Klingendes in der Hand zu halten, während es sich bewegt und tanzt!
Mit der geduldigen Hilfe eines Erwachsenen kann es sich schon einfache Klangspielzeuge selber machen oder bei älteren Kindern mithelfen. Die folgenden Erfahrungen entsprechen seinen altersgemäßen Fähigkeiten bzw. helfen sie fördern und entwickeln.

Füllen – Ausleeren

& Dosen, Schachteln, Styroporkugeln oder Pappröhren füllt das Kind mit den verschiedensten Dingen. Es rollt sie, schüttelt oder leert sie wieder aus. Auch kleine Handrasseln machen ihm Spaß! Leere Streichholzschachteln oder Toilettenpapierrollen, die an beiden Seiten verschlossen werden, eignen sich sehr gut dazu. Ideal zum Tanzen und Hopsen!

Aufreihen – Hinter sich herziehen

& Das Kind fädelt Glöckchen, durchlöcherte Kronkorken oder Knöpfe an einer Schnur auf. Als Hals-, Fuß- oder Armbänder für kleine Tanzbären!
& An einem Spielzeug zum Ziehen werden klingende Gegenstände befestigt Glöckchen, ein Metallstab oder Gardinenkugeln.

Fingerübungen

& Zwei Plastikverschlüsse einer Flasche (Nußschalen) werden, an zwei Schlaufen befestigt, mit Daumen und Zeigefinger aneinandergeschlagen.
& Über eine Plastik- oder Pappschachtel spannt sich das Kind einen oder mehrere Gummis und zupft daran.

Malen – Reißen – Kneten – Formen

& Waschmitteltonnen oder Papprollen eignen sich sehr gut für Trommeln und Bongos. Das Kind kann hinterher die großflächigen Objekte mit Fingerfarben oder breitem Pinsel (Leimfarbe) anmalen.

& Pappmaché-Formen für Handtrommeln und Bongos können schon von ganz Kleinen hergestellt werden. Hier ist bereits das Zerreißen und Fetzeln des Zeitungspapiers ein großes Erlebnis. Danach wird dieses im Wasser aufgeweicht und schließlich mit Kleister vermischt. Das »Baazen«, Rühren, Stochern, Riechen und Kneten ist für ein Kind in diesem Alter so wichtig, daß man ihm nicht oft genug und lang genug diese Möglichkeit geben kann. Viel Spaß macht es ihm, wenn es noch Farbe oder farbiges Wasser unter seinen »Baaz« mischen kann!

& Anschließend werden mit der feuchten Pappmachémasse größere Plastikgefäße oder Marmeladengläser ausgepolstert oder von außen verkleidet. Die getrockneten Hüllen löst man ab, bemalt sie und bespannt sie mit einer Haut.

Gemeinsames Spiel (vom Nebeneinander zum Miteinander)

Soziales Verhalten von Kindern dieses Alters schon zu erwarten, scheint viel verlangt. Sie kreisen noch ganz um sich selbst. Trotzdem ist es möglich, eine Gruppe von solch kleinen Individualisten zu gemeinsamer spielerischer Beschäftigung zu bringen und so ganz allmählich ihre Fähigkeit zu Kommunikation und sozialem Kontakt innerhalb einer Gruppe zu entwickeln.

Hier seien einige Möglichkeiten aufgezeigt:

& Die Kinder beschäftigen sich gemeinsam mit demselben Material. Sie formen mit demselben Stoff (s. o. Pappmaché) oder malen zusammen einen größeren Gegenstand an.

& Alle Kinder tanzen gemeinsam zur Musik. Jedes einzelne hat dabei sein »Instrument« in der Hand und bringt es zum Klingen.

& Bekannte Lieder werden gesungen und von den Kindern auf Instrumenten begleitet. Reihum wandern die Instrumente von einem Kind zum anderen. Zeitpunkt des Wechsels kann ein neues Lied oder eine neue Strophe sein.

& Mehrere Kinder spielen zusammen an einem Instrument oder einem Gegenstand, an dem verschiedene Schlaginstrumente oder geräuscherzeugendes Material befestigt sind. (Siehe auch »Kollektivinstrumente« Seite 43 ff.)

& Bereits jetzt können erste gemeinsame Reaktionsspiele den Kindern Spaß machen. Beim Spiel auf Instrumenten spielen sie zunächst nach Herzenslust so laut es geht. Danach aber sollen sie, auf ein bestimmtes Zeichen, mäuschenstill sein. Dieses Zeichen kann entweder durch eine Geste oder ein Klangzeichen gegeben werden. Eine verbale Aufforderung würde in einem musikalischen Spiel nur stören.

Für Kinder ab 4 Jahren

Viele der angeführten Instrumente und Klangerzeuger können, wenn auch mit Hilfe eines Erwachsenen, in diesem Alter selber hergestellt werden. Das Kind kann in den meisten Fällen schon mit einem Hammer, einer Säge oder einem Schraubenzieher umgehen. Wenn nicht, so wird es dies bei dieser Gelegenheit lernen können und wollen.

Bauen und Konstruieren in der Gruppe

& Großen Spaß macht es dem Kind, mit anderen zusammen etwas zu bauen. Hierfür eignen sich Dinge, wie etwa das Klangtunnel, die Tonleiter oder die Schießbude. Später kann dann solch ein Bauwerk großzügig Kleineren überlassen werden!

& Das Spielhaus kommt dem starken Bedürfnis nach Rollenspiel und der Lust an fantasievollen Sprach- und Singspielen sehr entgegen. Gemeinsames Spiel auf Instrumenten, frei und nach Regeln.

& Nach dem freien und intensiven Spiel auf den Instrumenten entsteht der Wunsch nach Regelung von selbst. Denn keiner kann sich im Lärm noch hören oder verständlich machen.

& Zeichen für Anfang und Schluß können zunächst verabredet werden, sei es mit einem Handzeichen oder einem Klangsignal.

& Gruppen werden eingeteilt. Zupf-, Blas-, Streich- und Schlaginstrumente bilden je eine Instrumentalgruppe.

Instrumentalgruppen spielen nach Spielplan

& Damit die Kinder wissen, welche Gruppe gerade zu spielen hat, schauen sie entweder auf die Winkzeichen des jeweiligen »Dirigenten« oder sie machen sich selbst den Spielplan.
& Man kann einen solchen Plan zeichnen, mit Papierfetzen oder Wollfäden kleben, man kann ihn sich auch auf dem Boden oder Tisch zurechtlegen. Hier ein Beispiel: Zwei Instrumentalgruppen werden durch Streichhölzer und Erbsen dargestellt (Blas- und Zupfinstrumente). Erst lösen sich die beiden Gruppen ab, spielen im Wechsel (reagieren!), dann mischen sie sich langsam, die eine Gruppe verdrängt die andere, bis sie schließlich allein weiterspielt und dann verschwindet.

Instrumentale Reaktionsspiele (Unterscheiden von Tonhöhen)

& Zwei Instrumentalgruppen mit hellen und dunkelklingenden Instrumenten werden gebildet. Die Kinder selbst haben sie erst nach hell und dunkel eingeteilt. Der Erwachsene improvisiert am Klavier in den verschiedenen Lagen (Hoch und Tief), wobei nun die entsprechenden Instrumentengruppen auf die Tonhöhen reagieren sollen.
& Falls kein Klavier zur Verfügung steht, kann dies auch mit zwei verschiedenen Tamburinen oder Trommeln geschehen (Xylophon oder Glockenspiel...) Zum Schluß kann man die Sache dadurch erschweren, daß die Kinder mit geschlossenen Augen reagieren. So nehmen sie nicht den Wechsel der Hände oder der Instrumente wahr.

Reaktionsspiele (zum Erkennen von einfachen musikalischen Formen)

& Ein Lied in der einfachen Liedform A B A wird gesungen und gespielt, zum Beispiel: Kuckuck...
A Kuckuck Kuckuck ruft's aus dem Wald
B lasset uns singen, tanzen und springen
A Frühling, Frühling wird es nun bald.
Zwei Instrumentalgruppen werden eingeteilt, um die Teile A und B zu begleiten. Jede durfte einmal zu ihrer Melodie spielen. Beim anschließenden Spiel oder Gesang (ohne Text, nur mit Silben) sollen die Kinder nun erkennen, wann sie mit ihrem Instrument an der Reihe sind. Dasselbe wird auch mit anderen bekannten und unbekannten Liedern gemacht.

Wechselspiel zwischen einzelnem und der Gruppe

& Rondo: A B A C A D A... Der Erwachsene improvisiert am Klavier oder auf einem anderen Instrument, etwa auf einer Trommel, eine kleine schwungvolle Melodie (rhythmische Improvisation), die die Kinder mit ihren Instrumenten begleiten. Reihum soll nun jedes einzelne etwas alleine auf seinem Instrument »erzählen« oder »singen«. Danach fallen alle wieder in den Refrain ein.
Diese Arten der Selbstregulierung eines musikalischen Spielablaufs nach Regeln, die vorher besprochen und akzeptiert wurden, sind der direkten Beeinflussung durch einen Dirigenten vorzuziehen.

Für Kinder ab 5 Jahren

Ein fünfjähriges Kind kann seine handwerklichen Fähigkeiten bereits recht fantasievoll einsetzen. Ganz bewußt wählt es sein Material aus, wenn es z. B. darum geht, sich »seine« Gitarre zu bauen. Unbefangen und selbständig will es bestimmen, wie die Form aussehen soll. Hauptsache, die Gitarre hat Saiten und »Stiel«!

Spielregeln für das »Orchester«

& Der schönste Krach ist halb so schön, wenn er zu lange dauert. Das lustvolle Spiel auf dem eigenen Instrument läuft sich tot, wenn andere Kinder zur gleichen Zeit, mit demselben Spaß an Geräusch und Klang, dasselbe tun. Von selbst sucht das Kind nach Ordnung, die es ihm ermöglicht, sich innerhalb der Gruppe zu äußern.

Dirigent

& Der Ruf nach dem Dirigenten kommt meist am Anfang. Man ist bereit, sich den Anweisungen eines Einzelnen unterzuordnen, natürlich unter der Bedingung, daß man selbst auch einmal Dirigent sein kann. Aber vorerst bedeutet Warten, bis man selbst zum Spielen an die Reihe kommt, eine große soziale Leistung. Für den jeweiligen Dirigenten heißt es, seine Stellung innerhalb der Gruppe auszuloten und seine eigenen schöpferischen Fähigkeiten zu beweisen. – Trotz allem werden die kleinen »Dirigenten« wohl kaum in der Lage sein, über einen längeren Zeitabschnitt hinweg einen ungeformten, spielbesessenen Haufen in den Griff zu bekommen. Es gilt zunächst, weitere Gliederungsmöglichkeiten zu finden.

Gruppen

& Instrumentalgruppen werden aus Streich-, Blas-, Zupf- und Schlaginstrumenten gebildet.
& Klanggruppen können zusammengestellt werden. Die Kinder sollen dabei selbst ihre Instrumente nach Klangeigenschaften einteilen: hoch – tief, laut – leise, weich – hart, lang – kurz.
& Ton-, Klang-, Geräuschgruppen lassen sich bilden. Was ist ein Ton, ein Klang oder ein Geräusch? Dies kann man die Kinder selbst an den Instrumenten feststellen lassen.

Zeichen

Um einen musikalischen Ablauf zu regeln, braucht man Zeichen der Verständigung. Dies können Handzeichen, Klangsignale oder grafische Zeichen (an der Tafel) sein, die vorher abgesprochen, dann für die ganze Gruppe ablesbar und verständlich sein müssen.
Auf Zeichen kann man sich einigen bei:
Anfang – Schluß, Pause, halt – weiter, langsamer – schneller, laut – leise, alle (tutti) – einer (solo).

Spielplan als Vorstufe zur Notation

Hier bietet sich Kindern die Möglichkeit, einen musikalischen Ablauf allein oder gemeinsam zu planen, und die einzelnen Einfälle grafisch festzuhalten. Man benützt musikalische Zeichen, um sie nachher wieder abzuspielen. Mit Farbe (der Pinsel bzw. Finger tupft oder kreist in der entsprechenden Spielbewegung auf dem Papier), bunten Papierfetzchen oder Wollfäden lassen sich solche »Musikbilder« machen.

& Klangfarben werden zu entsprechenden Farbereignissen auf dem Papier.

& Tondauern kann das Kind bereits spontan erfassen und in verschieden langen und kurzen Zeichen auf dem Papier ausdrücken (Punkte, Punkthäufungen, lange Klänge, Klangketten, Reihen oder Bänder).

& Tonstärke läßt sich in dünneren oder dickeren Strichen oder Schraffierungen deutlich machen, ebenso das Anwachsen oder Verklingen eines Geräuschs oder Klanges.

& Tonhöhen können in linearer Bewegung oder punktueller Verteilung auf dem Blatt (oben, Mitte, unten) dargestellt werden.

& Klangvorgänge, wie vermischen, schichten, überlagern, häufen oder verwandeln sind als grafische Bewegungsvorgänge klar auszudrücken.

Natürlich wird ein Kind, ohne die entsprechende Übung, in diesem Alter noch kaum all diese Begriffe in sein Spiel miteinbeziehen können. Es gilt daher, zuerst an einzelne Punkte heranzugehen und so die Voraussetzung für eine allmählich wachsende Basis seiner gestalterischen Möglichkeiten zu schaffen.

4. Kinder spielen auf den Instrumenten der Großen

Mit jedem Instrument, das ein Kind in seiner Umwelt vorfindet, bietet sich ihm ein reiches Erfahrungsfeld für seine musikalische Entwicklung. Sei es am Klavier, an der Gitarre oder am Kontrabaß – unbefangen probiert es aus, unbeeinflußt von bekannten Spieltechniken oder herkömmlichen Klangvorstellungen. Warum soll man nur auf den Saiten einer Gitarre spielen, wieso nicht auf ihrem hölzernen Resonanzkasten, wieso nicht mit dem Fingernagel über die umsponnenen Metallsaiten ratschen, wieso kein Steinchen in ihrem Bauch »herumlaufen« lassen – da dies doch alles so schön klingt!
Ein Kind, das bereits selbst versucht hat, sich sein eigenes Klangspielzeug zu bauen, begegnet dem »perfekten« Instrument der Großen schon bewußter. Indem es selbst der Erzeugung von Klängen schon auf die Spur gekommen ist, bieten sich ihm wesentliche Voraussetzungen beim Spiel an einem Instrument, das am Ende einer langen kulturellen und technischen Entwicklung steht. Dieses Kind kann sich bereits mit größerem Verständnis und Geschick daran wagen und, während es experimentiert, neue Ausdrucksmöglichkeiten entdecken. Daß man hier jedoch in der Regel auf die Ablehnung vieler Erwachsener stößt, ist schade. Instrumente müssen oft schön bleiben, weil sie teuer waren oder weil sie sonst nicht mehr in der Wohnung ausgestellt werden können. Gibt man sie schließlich doch in die Hände eines Kindes, dann nur unter der Bedingung, daß systematisch gelernt und geübt wird. Wie aber soll das Kind die Liebe dazu entwickeln? Wie soll man so seine Vorliebe oder Begabung für ein ganz bestimmtes Instrument entdecken können? Ziel einer vernünftigen musikalischen Erziehung muß es sein, eine gezielte Instrumentenwahl zu treffen, die dem Kind voll entspricht. Je früher es also Zugang zum »besten« Stück hat, je mehr Instrumente es überhaupt in die Hand bekommt, desto früher kann es eine Beziehung zum Instrument entdecken und später vertiefen. Wenn es sich um teure Instrumente handelt, kann man ja den Vorgang des Spiels sanft überwachen. Das Kind begreift dabei gewiß, worauf es achten muß, um nichts kaputtzumachen.

Wenn Kindergruppen Instrumente zum Ausprobieren zur Verfügung haben sollen, wird das Ganze schon schwieriger – und teurer. Das muß jedoch nicht sein. Man kann hier Eltern und Bekannte ansprechen, nach verstaubten Instrumenten zu suchen, die niemand mehr spielen kann und will. Eine kleine Annonce in der Tageszeitung wirkt oft Wunder: »Kindergruppe sucht alte oder defekte Instrumente aller Art zum Spielen.« So kann man ohne große Kosten zu Instrumenten kommen, an die man die Kinder mit ruhigem Gewissen heranlassen kann. Wichtig ist es allerdings auch hier, dem einzelnen Kind oder der ganzen Gruppe klarzumachen, daß es nicht in jedem Falle das Entdekkungsziel sein kann, ein Instrument durch wilde Aktion in seine Einzelteile zu zerlegen. Falls das immer wieder geschieht, sollte man sich fragen, ob es vielleicht weniger Zerstörungswut als Neugierde ist. Und dann wäre es wirklich besser, die Kinder einmal ein solches Stück von innen anschauen zu lassen, damit sie Funktion und technische Voraussetzungen genauer kennenlernen.
Schließlich können bereits in der frühen Phase der Bekanntschaft mit dem Instrument einfache Spieltechniken an die Kinder vermittelt werden. Im Zustand körperlicher Entspannung und Lockerheit, wie er sich bei spielerischer Aktion einstellt, lernen sie bestimmte Grundbewegungen, die auf einer Koordinierung verschiedener körperlicher Bewegungsvorgänge beruhen müssen. Damit werden gemeinsame Improvisationen an den Instrumenten möglich.

Der Kontrabaß

& Ein dunkler, brummender Riese zu Besuch! – Die Kinder sitzen staunend um ihn herum. Neugierig versuchen sie ihn zum Reden zu bringen. Tausend Fragen scheint er aufzuwerfen:
Wie wird er gespielt?
Warum klingt er so dunkel?
Warum klingt er vorne dunkel (vor dem Steg) und hinten hell (hinter dem Steg, wo die Saiten kurz sind)?
Warum wird er nur gestrichen und gezupft? Warum klopft man auf ihm nicht, wie auf einer Trommel?
Warum ratscht man nicht mit dem Fingernagel auf den dicken, gerillten Saiten entlang?
Warum läßt man keine Kugel in seinem hölzernen Bauch herumrollen?
Warum läßt man die Saiten nicht wie Hosenträger auf den Steg knallen?
Warum bringt man ihn nicht zum Jaulen, indem man an den Wirbeln dreht?
Die Antworten auf solche Fragen geben sich die Kinder selbst. Sie probieren einfach alles aus und spielen mit dem Kontrabaß, was und

wie sie sich es vorstellen. Er läßt es geschehen und manchmal sagt er sogar gutmütig: »AHHHH!« – Immer dann, wenn ein Kind mit dem Bogen über eine Saite streicht.

Das Klavier

& Keine Angst, ans Klavier dürfen nicht nur Leute, die bereits richtig darauf spielen können! Auch Kleinere können sich schon an das Monstrum wagen, das so schön klingen kann. – Philipp patscht mit der ganzen Hand auf die Tasten, Regina nimmt gleich den Arm dazu.

& Als die Kinder entdecken, daß man mit dem rechten Pedal Klänge festhalten kann, bauen sie sich einen mächtig rauschenden Klangturm. Zusammen drücken sie allmählich alle Tasten, von unten nach oben, mit der flachen Hand hinunter und treten dabei das Pedal.

& Michael hat die Idee mit der Rutschbahn! Mit der flachen Hand streicht er über die Tasten hinweg und läßt das Ganze mit dem Pedal verschwimmen. Schleichende Katzenpfoten, hüpfende Vogelfüße und Regentröpfel mit den Fingerspitzen gehören zu den leiseren Spielen mit dem Klavier.

& Bald entdecken die Kinder auch das Innere des Klaviers. Dies ist beinahe ein Instrument für sich! Hier kann man an den Saiten zupfen, streichen, mit einem weichen oder harten Schlegel (Kochlöffel) schlagen, man kann Papier dazwischenstecken und anschließend die dazu-

gehörenden Tasten anschlagen. Im Resonanzkasten eines Flügels kann man sogar Glöckchen oder Holzkugeln auf den Saiten hüpfen lassen und dazu das Pedal treten. Der Stahlrahmen, die hölzernen Wände, all dies kann klingeln!

Nur eine Zymbel!

& Ein Klang wird von Ohr zu Ohr geschickt! Nachdem zwei Zymbeln kräftig aneinandergeschlagen wurden, hält man die beiden Metallscheiben an die Ohren eines jeden Kindes. Unglaublich, wie lange man den Ton direkt am Ohr noch hören kann, obwohl er für die Außenstehenden längst verstummt ist!

& Reginas Interesse an diesem scheinbar so einfachen Instrument ist erwacht. Sie ist ganz damit beschäftigt, alles aus »ihrer« Zymbel herauszuholen, was an Klang und Geräusch nur möglich ist. Mit weichen und harten Schlegeln, mit Bürsten und einem Handbesen spielt sie an der aufgehängten Zymbel. Sie fühlt mit den Fingerspitzen das Vibrieren des Metalls. Sie erstickt den Klang an ihren Kleidern, »weil er immer so furchtbar lang dauert«. Sie wirbelt mit den Fingern, klopft mit den Knöcheln, sägt mit einem Eisenstab am Rand auf und ab und streicht sogar mit einem Geigenbogen darüber.

Staunen über einen Klang!
Zwei Zymbeln werden aneinandergeschlagen. Ihr voller lang ausschwingender Metallklang läßt aufhorchen.

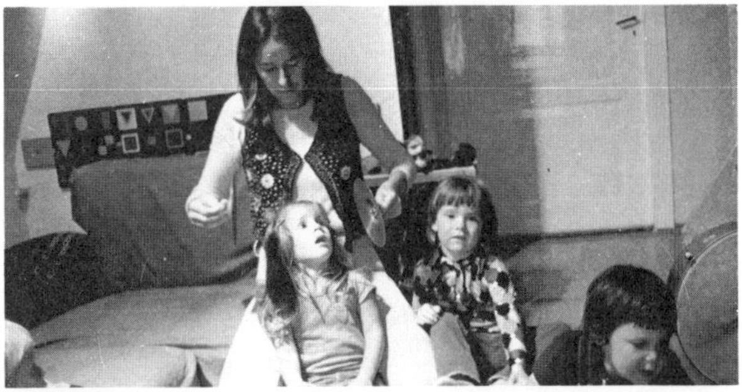

»Ein Klang für mich ganz allein!«
Unmittelbar am Ohr kann Sonja den Ton noch lange hören, auch wenn er für die anderen Kinder schon längst verstummt ist.

Weicher Klang – harter Klang!
Johannes spielt mit Klängen. Je nachdem, ob er mit dem weichen Schlegelkopf oder dem Holz des Schlegels die Zymbel anschlägt, verändern sich die Klänge. Für die anderen Kinder heißt es: Augen zu – Ohren auf – und raten!

Zauberklang!
Nicht nur Saiten können mit dem Bogen gestrichen werden. Regina versucht hier am Rand der Zymbel entlangzustreichen, um einen neuen Klang hervorzulocken.

Xylophon-Glockenspiel & Mit sichtlichem Vergnügen spielen Kinder auf einem solchen Stabspiel. Sie schlagen einzelne Töne mit dem Schlegel an oder rutschen damit über die verschiedenen Plättchen (wasserähnliche Klänge). Sehr gerne lassen sie Glöckchen, Kastanien oder kleine Autos darüber springen und rollen. Schließlich aber werden sie sich kaum daran hindern lassen, das Instrument abzubauen, die einzelnen Stäbe aneinanderzuschlagen, den Holzkasten zu füllen oder ihn geräuschvoll wieder auszuleeren.

Ein Fellinstrument & Jetzt möchte jedes Kind sein eigenes Instrument. Dazu eignen sich am besten Fellinstrumente wie Tamburine, Pauken, Trommeln oder Bongos. Philipp meint, daß jedes Kind ein anderes Geräusch auf seinem Instrument finden sollte, welches dann alle gemeinsam nachspielen. Nun wird mit verschiedenen Schlegeln getrommelt, mit der flachen Hand auf das Fell geschlagen, mit den Fingerspitzen gewirbelt und an den Holzrahmen geklopft.

& Ein Kind reibt und schabt mit den Fingern über das Fell, das andere läßt eine Kastanie darauf tanzen. Doris dreht ihre Trommel um und läßt die Kastanie rundum laufen, indem sie sie hin und her bewegt. Klaus-Dieter legt sie wieder auf das Fell und trommelt dabei zart mit

den Fingerspitzen, so daß sie zittert. Dabei entsteht ein vibrierendes Dauergeräusch.

& Isabell verkriecht sich im Schrank: »Wenn ich nun alle Geräusche noch einmal spiele, erkennt ihr sie dann wieder?« – Mal sehen! –

Zither, Gitarre, Mandoline

& Solche oder ähnliche Instrumente bieten eine reiche Skala von Klängen und Geräuschen. Sie lassen sich zupfen, streichen oder mit Schlegeln und Stäben anschlagen. Man kann sie mit ein paar Erbsen zum Rasseln bringen, das hölzerne Gehäuse abklopfen, man kann Papierstreifen oder einen dicken Stoffstreifen durch die Saiten ziehen ...

Ziehharmonika

& Hier fasziniert das Ein- und Ausströmen der Luft, das einen so mächtigen Klang erzeugt. Auch wenn es anfangs manchem Kind dabei unheimlich wird, so versucht es doch immer wieder, dasselbe durch Auseinanderziehen und Zusammenpressen zu wiederholen.

Flöte

& Die kleinen Finger können über die verschiedenen Löcher rutschen oder sie einzeln zudrücken. Man darf die Flöte sogar auseinandernehmen! Für ein kleines Kind läßt sich so die Flöte besser spielen, da es sich ja dauernd damit bewegt (geringere Verletzungsgefahr).

& Auch aus dem Flötenkopf kann es eine Reihe von Geräuschen

zaubern. Durch kräftiges Hineinblasen (Überblasen) überschlägt sich der Ton, man kann in die Flöte blasen und gleichzeitig sprechen oder singen, man kann die Hand vor der Öffnung bewegen oder das Luftloch zuhalten und durchfauchen...

Im Grunde gibt es kein Instrument, das ein Kind in diesem Alter nicht auf seine Weise verstehen und »bespielen« könnte. Seine Klangfantasie und der Urtrieb, Schall- oder Klangphänomene zu entdecken und zu erzeugen, können so entscheidend gefördert werden. – Man muß einmal ein Zweijähriges beobachten, wenn es den Finger an eine schwingende, vibrierende Saite oder Zymbel hält!

Methodische Spielvorschläge

Für Kinder ab 2 Jahren

Das Spiel am Schlagzeug, sei es mit den Händen oder mit (weichen!) Schlegeln bedeutet bereits für ein Zweijähriges höchstes Vergnügen. Hier kann es besser als durch jedes andere Instrument eine Reihe wichtiger Erfahrungen machen.

Spielerisches Experimentieren

& Trommelt es gerade mit Schlegeln, so kann man ihm verschiedene Instrumente unterschieben.

& Kugeln, Bällchen oder Glöckchen läßt es gerne auf dem Fell einer Pauke oder eines Tamburins hüpfen.

& Es liebt es, seine Trommeln umzudrehen und sie mit allerlei Dingen zu füllen, die es dann durch entsprechende Bewegung zum geräuschvollen Kreisen bringt.

Hören und Nachahmen

& Für akustische Reize außerordentlich offen, wird es intensiv zuhören, wenn es auf dem Trommelfell mit den Fingern schabt oder reibt. Dabei versucht es immer, diese Geräusche auch vokal mitzumachen (z. B. Auto, Wind, ...).

Reagieren

& Wechselspiele auf Gesten des Erwachsenen, zwischen Stille und Lärm macht es teils atemlos und gespannt, teils ekstatisch und unter lautem Schreien mit.

Klangfantasie

& Geräuschspiele mit den Händen und den einzelnen Fingern helfen mit, seine Klangfantasie zu entwickeln. Es schleicht wie eine Katze, läßt einen Vogel hüpfen oder Regentropfen auf das Trommelfell fallen.

Zehn kleine Zappelmänner zappeln hin und her.
Zehn kleinen Zappelmännern fällt das gar nicht schwer.

Zehn kleine Zappelmänner zappeln auf und nieder.
Zehn kleine Zappelmänner tun das immer wieder.

Zehn kleine Zappelmänner zappeln rings herum.
Zehn kleine Zappelmänner, die sind gar nicht dumm.

Zehn kleine Zappelmänner kriechen ins Versteck.
Zehn kleine Zappelmänner sind auf einmal weg.

Gemeint sind natürlich die Finger. Sie sollen während des Singens recht flink herumzappeln und dann in der vierten Strophe verschwinden.

Kontrollierte Fingerbewegungen

& Lieder eignen sich besonders dazu, solche Spielbewegungen über den ersten Impuls hinweg etwas zu verlängern, z. B. »Regentröpfen« oder »10 kleine Zappelmänner«. Die Personifizierung der kleinen Finger hilft mit, die Bewegungen zu sensibilisieren und zu kontrollieren (»zappeln auf und nieder«, »zappeln rings herum«, »kriechen ins Versteck, sind auf einmal weg«).

Für Kinder ab 4 Jahren

Voraussetzung für die folgenden Spielanregungen ist in jedem Fall das freie Experimentieren mit den entsprechenden, zur Verfügung stehenden Instrumenten. Da für das Kind in diesem Alter die Gruppe eine wichtige Rolle spielt, seien hier in der Mehrzahl Gruppenspiele angeführt. Diese kann man jedoch, im speziellen Fall, auch zu zweit spielen. Dann wird der Erwachsene zum Spielpartner des Kindes. – Trotzdem sollte es eine Überlegung wert sein, ob man nicht doch spontan einige Freunde des Kindes dazu einladen könnte (Hauskontakte!).

Ein Instrument wird bespielt

& Wo kann ein Instrument klingen? Wie klingt es? – Das Kind versucht dies mit seinen eigenen Worten auszudrücken. – Gemeinsam probiert man die Klangmöglichkeiten am Instrument aus. Sobald ein neuer Klang gefunden wird, soll er vom Spielpartner bzw. den anderen Kindern nachgespielt werden.

Wiedererkennen und Wiedergeben

& Erkennt man die einzelnen Klänge und Geräusche auch mit geschlossenen Augen wieder? Erkennt man das wieder, was eben auf Tonband aufgenommen wurde? – Wer weiß noch wie die Klänge und Geräusche erzeugt wurden?

& Man kann versuchen, das Gehörte in der gleichen Reihenfolge nachzuspielen.

& Gemeinsam versucht man das zu malen, was das Tonband an akustischen Ereignissen wiedergibt.

Tasten und Begreifen

& Verschiedene Instrumente werden abgetastet. Sie können in Holz-, Metall oder Fellinstrumente geordnet werden. Wie heißen die einzelnen Instrumente?

& Ein kleiner Dirigent bringt die verschiedenen Instrumentengruppen zum Einsetzen, Spielen und Verklingen.

& Ein Kind sitzt mit dem Rücken zum Erwachsenen. Beide haben einige Instrumente verschiedener Art vor sich. Man ruft und antwortet sich mit Instrumenten, wobei es immer Instrumente der gleichen Gattung sein sollten, z. B.: zwei Flöten, zwei Zupfinstrumente...

& Verschiedenartiges Material wird getastet. Wie kann man weich, hart, spitz oder rauh auf Instrumenten spielen?

Spielbewegungen

& Gemeinsam hüpfen, springen, traben, schleichen, stolpern, hinken, rutschen oder trampeln die Kinder durch den Raum. Wie können diese Bewegungen auf Instrumente übertragen werden? – Fellinstrumente, Stabspiele (Xylophon oder Glockenspiel) und Klavier sind dafür besonders geeignet.

& Auf einem Fellinstrument (Tischplatte oder Pappkarton) wird eine typische Bewegungsart, etwa die eines Tieres, vorgespielt. – Welches Tier kann es gewesen sein?

Musikalische Form (tutti – solo)

& Gemeinsam versuchen alle die Gangart eines bekannten Tieres auf Trommeln (oder mit Stäbchen auf dem Tisch) zu klopfen. Sobald der Erwachsene einem einzelnen Kind zuwinkt, macht es alleine weiter. Auf ein weiteres Zeichen fallen die anderen wieder in seinen Rhythmus ein.

Wichtig: Kein Zwang, kein Bewerten und keine Kritik beim Solospiel! In einer lockeren und positiv gestimmten Atmosphäre kann das Kind am ehesten seine Scheu verlieren.

Klangfantasie

& Durch das Spiel auf einem Instrument werden die Kinder in beliebige Wesen verwandelt. Jedes Kind bewegt sich entsprechend seiner Rolle frei im Raum. Beim Verstummen des Instruments bleiben alle wie versteinert stehen, bis sie schließlich die Musik von neuem aus ihrem »Bann« erlöst.

& Verschiedene Instrumente und immer wieder andere Spielarten auf Instrumenten verwandeln die Kinder in ganz bestimmte Tiere, die sich entsprechend bewegen. Schleichen (weiche Handbewegungen auf dem Klavier), Flattern (Handbewegungen am Flötenkopf), Kriechen (Schaben auf dem Trommelfell) oder Trampeln werden im Wechsel gespielt. Die Kinder reagieren entsprechend darauf.

Für Kinder ab 5 Jahren

Vorbedingung ist freier Zugang zu den Instrumenten und Durchführung der vorangegangenen Spielanregungen.
Der intensive Umgang mit Instrumenten hat dem Kind einige wichtige Erfahrungen gebracht, die es zu entwickeln und zu vertiefen gilt. So lassen sich z. B. bestimmte Höreindrücke weiter differenzieren.

Hören

& Zwei verschieden große Glocken, Zymbeln, Becken oder Gongs sollen nach Tonhöhen unterschieden werden.

& Alle vorhandenen Fellinstrumente werden nach dunkel und hell ausgerichtet und geordnet. Dabei zeigt es sich, daß kleine Instrumente heller und höher klingen als große.

& Stabspiele (Glockenspiel, Xylophon, Metallophon) werden abgebaut und anschließend wieder in »Ordnung« gebracht. Auch hier entspricht die Länge der Hölzer der jeweiligen Tonhöhe oder -tiefe.

& Beim Klavier werden die Töne ebenfalls stufenweise von unten nach oben höher. Jedoch die Länge der Tasten ist immer gleich, entscheidend sind die Saiten im Inneren des Klaviers.

& Wie sieht die stufenweise Anordnung der Töne bei einer Flöte aus?

& Bei der Zither entdeckt das Kind, daß die Saiten nicht nach Höhen und Tiefen der Reihe nach zu spielen sind.

& Bei der Gitarre ist es ähnlich. Hier kann man die Tonhöhe stufenweise durch die Verkürzung einer Saite mit dem Finger auf dem Steg erreichen.

Freies Spiel und erstes Suchen nach bestimmten Tönen

Allmählich kann im Kind der Wunsch entstehen, etwas ganz Bestimmtes spielen zu wollen, etwa den Anfang eines Liedes, einen Kuckucksruf oder das Tatü der Feuerwehr. Als Instrumente eignen sich hierfür die Stabspiele (später auch das Klavier). Jedoch soll dies nicht heißen, daß der Erwachsene von nun an das freie Improvisieren auf diesen Instrumenten zurückdrängt. Das freie und lockere Spiel mit beiden Händen, die Freude an immer neuen reizvollen Klangmöglichkeiten sollte nicht unter dem krampfhaften Suchen nach bestimmten Tönen leiden.

& Von einem Glockenspiel werden alle Plättchen, außer den 5 Tönen von c bis g entfernt. Mit diesen lassen sich bereits einige Lieder spielen, deren Melodie stufenweise auf- und abwärts läuft, z. B.: »Ist ein Mann in Brunnen g'fallen«, »Unsre Katz hat Junge ghabt« (siehe Seite 92), oder der Anfang von »Alle meine Entchen«...

& Dasselbe kann man auch auf einem Klavier probieren (von c aus)!

& Nun versuchen die Kinder auf einem Glockenspiel mit den Tönen des Dreiklangs c-e-g weitere Lieder zu finden, z. B.: »Hört ihr die Drescher«, »Heut ist ein Fest bei den Fröschen am See« oder »Schornsteinfeger«:

& Als Vorbereitung und Voraussetzung für die letztgenannten Beispiele sollten die Kinder die entsprechenden Lieder sicher singen können. Während des Singens kann der Erwachsene die Melodiekurve des Liedes an die Tafel malen. Unter mehrmaligem Wiederholen fährt er die Kurve ab und läßt die Kinder in der Luft mitzeigen.

& Das Verständnis für die verschiedenen Tonhöhen eines Dreiklangs (tief-mittel-hoch) läßt sich durch Farben vertiefen, mit denen das Kind die drei Plättchen auf dem Glockenspiel kennzeichnet.

& Zwischen dem konzentrierten Suchen nach bestimmten Tönen sollte man immer wieder, zur allgemeinen Entspannung, die Kinder frei eine Begleitung zum entsprechenden Lied erfinden lassen.

Erkennen und Vergleichen

& Ein Musikstück wird angehört (Platte, Tonband). Welche Instrumente sind zu erkennen? Wie heißen sie? Wie verhalten sie sich?

& Das, was im Musikstück zu hören ist, sollen die Kinder beim nochmaligen Abspielen grafisch festhalten. Hier empfiehlt es sich, Stücke auszuwählen, die nicht zu kompliziert angelegt sind, sondern klare Gegensätze (z. B. Tschaikowsky, Nußknackersuite), Steigerungen (Bolero von Ravel) oder Instrumentengruppierungen (z. B. Brandenburgisches Konzert Nr. 2, 2. Satz) bieten.

Reagieren

& Die im Stück auftretenden Instrumente werden als »Rollen« auf verschiedene Kinder verteilt. Sobald die entsprechenden Instrumente zu hören sind, spielen die Kinder auf dem ihrigen mit.

Klangfantasie

& Eine Geschichte wird vorgelesen und anschließend gespielt. Nun überlegt man sich, wie diese Geschichte auf Instrumenten erzählt und gespielt werden kann. Welche Instrumente passen für bestimmte Vorgänge, Stimmungen oder Personen und wie muß man darauf spielen, um das entsprechend auszudrücken?

& Dieselbe Geschichte aus Klängen wird auf dem Tonband aufgenommen und anschließend beim Abhören gemalt.

5. Information über Musik in unserer Umgebung

Trotz allen guten Willens wird natürlich der häusliche Erfahrungsbereich zu beschränkt sein, wenn es darum geht, einem Kind breite Informationsmöglichkeiten zu bieten. Um zum Beispiel mehr über Instrumente zu erfahren, könnten Eltern gemeinsam mit ihren Kindern einen kleinen Ausflug unternehmen. Für Einzelkinder sollte man noch einige Kinder dazu einladen. Das erhöht den Spaß der Kinder. Außerdem kann man mit einer ganzen Gruppe manchen Institutionen gegenüber unbefangener auftreten. Damit nichts schiefgeht, meldet man sich am besten an, sagt, um wie viele Kinder es sich handelt, und fragt an, zu welcher Zeit Kinderbesuch am günstigsten ist.

Konzert

Man kann Kinder früher als man denkt zu einem Konzert mitnehmen, ob das ein Schülerkonzert ist, in dem ältere Geschwister oder Freunde mitspielen, eine Folklore- oder Tanzgruppe, ein Adventssingen oder ähnliches, zu dem ein Kind einen gewissen Bezug finden kann. Meist hält es mit ein paar Süßigkeiten in der Tasche länger durch, als man geglaubt hat.
Es fühlt sich plötzlich »groß« und hört atemlos und gespannt zu. In der Pause oder nach dem Konzert sollte man das Kind an der Hand nehmen und ihm die Bühne vorne und hinten zeigen. Auch Künstler sind ansprechbar und freuen sich, wenn man ihnen sagt, daß es schön war. Dies kann ein Kind nicht früh genug mitbekommen.
Manchmal ist es möglich, mit mehreren Kindern eine Probe mitzuerleben. Bei einem Orchester gibt es besonders viel zu sehen. Es werden viele Fragen auftauchen, von den einzelnen Instrumenten bis zum Notenpult und der Partitur.

Beim Instrumentenbauer

Gewiß ist es möglich, beim Instrumentenbauer einmal in die Werkstatt zu schauen (in kleineren Städten gibt es vielleicht einen Musikladen mit kleiner Werkstatt). Man beobachtet ihn bei der Arbeit, sieht die halbfertigen oder neuen Instrumente, kann sich einzelne Teile genauer anschauen. Zum Schluß kann sich das Kind noch ein paar alte

Saiten oder ein Mundstück eines Blasinstruments für seine eigenen Instrumente »kaufen«.

Die Musikkapelle

Im Zirkus, auf Umzügen oder Kinderfesten begegnet man den so sehr geliebten Musikkapellen. Ganz nah sollen sich die Kinder daranwagen! Man kann ihnen ruhig Mut machen, zu den einzelnen Musikanten zu gehen. Vielleicht dürfen sie sogar selbst einmal die Instrumente anfassen oder ausprobieren.

Eine Orgel

Wieso soll man nicht einmal mit seinen Kindern die Orgel in der heimatlichen Kirche kennenlernen? Man braucht nur auf die Empore zu klettern, um den Organisten beim Spiel zu beobachten. Anschließend kann man ihn fragen, ob er vielleicht das Instrument erklärt oder gar die Kinder selbst die Pedale treten oder die Register ziehen läßt. Dieses mächtige Instrument mit seinen riesigen Pfeifen einmal genauer kennenzulernen, bedeutet sogar für manchen Erwachsenen ein Erlebnis.

Museum

In vielen Städten gibt es Museen (Heimat, Völkerkunde usw.), in denen auch Musikinstrumente zu sehen sind. Hier kann man Kindern nicht nur einen Überblick über gebräuchliche Instrumente verschaffen. Es sieht auch Instrumente aus früheren Zeiten oder Instrumente anderer Völker. Wenn man die Museumsleitung vorher verständigt,

EKKI

Muzeum

ist sie bestimmt für den Besuch einer Kindergruppe aufgeschlossen und sogar bereit, eigens eine Führung zu organisieren. Hier sollte man darum bitten, daß die Kinder Erlaubnis bekommen, auf ein paar Instrumenten zu spielen.

Keine Angst vor Öffentlichkeit und Instanzen

Kindern wird mehr Sympathie und Verständnis entgegengebracht als man glaubt. Man kann nicht früh genug damit anfangen, für sie Barrieren abzutragen, die wertvolle Begegnungen verhindern. Gerade Musik darf nicht auf dem Podest der genialen Unnahbarkeit und menschlichen Entrücktheit stehen. Sie dem Kind »nahe« zu bringen, damit es sie begreifen und erleben lernt, ist eine wichtige Aufgabe für jeden Erzieher. Daß dies oft den Mut voraussetzt, gegen überkommene gesellschaftliche Regeln anzugehen, ist klar. Aber mit einem Kind an der Hand gelingt manchem Erwachsenen ein Sprung, für den er nach seiner Erziehung und Veranlagung unter Umständen länger gebraucht hätte.

Zur Abbildung auf Seite 70 unten: Kindermuseum
Ein gemeinsamer Museumsbesuch beschäftigt die Kinder auch zu Hause noch weiter. Auf der Spielwiese richten sie sich ihr eigenes Museum ein. Hier stellen sie all ihre selbstgebauten Instrumente, ihre selbstgemalten Bilder und Liederbücher aus. Sie malen und kleben sich bunte Eintrittskarten für Nachbarskinder oder Eltern. An der Kasse nimmt der Kassier mit wichtiger Miene Platz und der Museumsdiener wartet auf die ersten Besucher. – Und da dies hier ein Kindermuseum ist, darf jeder alles ganz genau anschauen, in die Hand nehmen und die verschiedenen Instrumente sogar ausprobieren und bespielen!

6. Musikalische Spielpläne – Erste Improvisationsversuche

Die bisher gemachten musikalischen Erfahrungen lassen sich durch die folgenden Spiele zum Finden von Klangsymbolen und zum Festhalten von musikalischen Abläufen vertiefen und erweitern.

& Wie klingt das eigene Instrument? – Auf welche verschiedene Art und Weise kann man Geräusche und Klänge darauf hervorlocken? Spielen, beschreiben und malen. – Jedes Kind hat ein großes Blatt Papier (evtl. Tapetenrolle für mehrere Kinder) vor sich, malt erst sein Instrument auf und hält schließlich alle Geräusche, die es damit machen kann, zeichnerisch fest. Hierbei entsprechen sich oft Spielbewegung und Handbewegung beim Malen, zum Beispiel Trommel: Punkte – verschieden dick je nach Intensität der Schläge (Fingerspitze oder Schlegelstiel bzw. -kopf); Spirale – die Hand schabt kreisend auf dem Trommelfell; dichtes Geräuschband durch ständige Trommelei mit beiden Händen (Tremolo).

Anschließend werden Instrumente und Blätter der Kinder ausgetauscht.

& Ein Instrument sucht sich einen »Freund«. Welches klingt ganz ähnlich? Nun unterhalten sich die beiden Freunde, einer hört dem anderen zu oder erzählt ihm etwas Wichtiges. Die anderen Kinder malen den Vorgang mit.

& Dasselbe Spiel wird mit zwei Instrumenten ausgeführt, die zwar verschieden klingen, aber auf die gleiche Art gespielt werden, zum Beispiel zwei Blasinstrumente, das eine hoch und hell, das andere tief und dunkel. Hier sollen die Kinder auch mit entsprechenden Farben malen.

& Um das Gefühl für Tonhelligkeit zu entwickeln, werden dunkle und helle Kartonscheiben an die Kinder verteilt. Diese sollen den verschiedenen Instrumenten zugeordnet werden. So entstehen zwei Instrumentalgruppen.

& Nun »dirigiert« ein Kind die beiden Gruppen, indem es einmal einen hellen, dann wieder einen dunklen oder beide Kartons zusammen hochhebt. Jedes Kind sollte einmal Dirigent spielen dürfen.

& Aus den Kartons wird nun eine Reihe gelegt, die die beiden Instrumentalgruppen abspielen sollen. Ein Kind gibt durch ein Klangzeichen das Signal zum Wechsel.

& Die beiden Gruppen versuchen, jede für sich, eine Tonreihe zu bilden. Ohne zu sprechen wechseln die Kinder, nachdem sie vorher einige »Erkennungsklänge« abgeben durften, die Plätze. Wichtig: je kleiner die Kinder, desto kleiner die Gruppe!

& Ein Dirigent bringt nun die beiden Reihen einzeln, im Wechselspiel miteinander oder zu einer großen Gruppe vereinigt, zum Spielen. Dies geschieht in Aufwärts- oder Abwärtsbewegung, später auch in Gegenbewegung von Auf- und Abwärts. Immer sollte ein Instrument das andere »ansprechen« und zu einer Antwort herausfordern, wobei Wiederholungen und starres Metrum nicht erwünscht sind. Vielmehr geht es hier um fließende Übergänge und einen lebendigen, ungleichmäßigen Ablauf.

& Bei eingespielten Gruppen kann der Dirigent schließlich wegfallen. Hier werden jeweils am Anfang bestimmte Spielregeln aufgestellt und die Kinder reagieren entsprechend (laut, leise, aggressiv, scherzhaft usw.) auf die sie ansprechenden Instrumente.

& Zwei ganz unterschiedliche Instrumente (nach Art und Klangfarbe) unterhalten sich, bekommen Streit, der eine will den anderen übertönen, am Ende verstummt einer von beiden und läßt den anderen weiterspielen. Die Gruppe malt mit. Anschließend sucht sich jedes Kind seinen Streitpartner.

& Alle Kinder sitzen vor Schlaginstrumenten. Ein Kind sagt seinen Namen, er läuft in der Trommelsprache von einem zum anderen. Erst wird gesprochen und getrommelt, dann sollte nur noch getrommelt werden. Ein Kind malt an der Tafel mit oder tupft mit dem nassen Finger darauf, so daß der Vorgang des Malens wie der des Trommelns hörbar wird (Wechsel von lang und kurz, betont und unbetont).

& Fragen und Antworten werden getrommelt und aufgemalt. »Magst Du gerne Eis?« (. . . . -) – »Lieber Schokolade!« (. . . . - -)

& Alle »malen« in der Luft mit den Händen, was eine Flöte spielt. Es handelt sich hier um eine Reihe von verschieden langen Tönen im Wechsel mit ganz kurzen. Anschließend wird das Spiel wiederholt und die Kinder malen dasselbe auf dem Papier (Tapetenrolle).

& Wie kann man auch auf anderen Instrumenten einen langen Ton, eine Linie, ein Band spielen? Zum Beispiel auf dem Triangel: pausenloses Anschlagen mit dem Metallstab oder schnelles Tremolo (Hin- und Herschlagen) im oberen Teil des Metalldreiecks. – Die Kinder malen das, was sie hören, und versuchen die beiden Klänge gegeneinander abzusetzen.

SABINE (2)

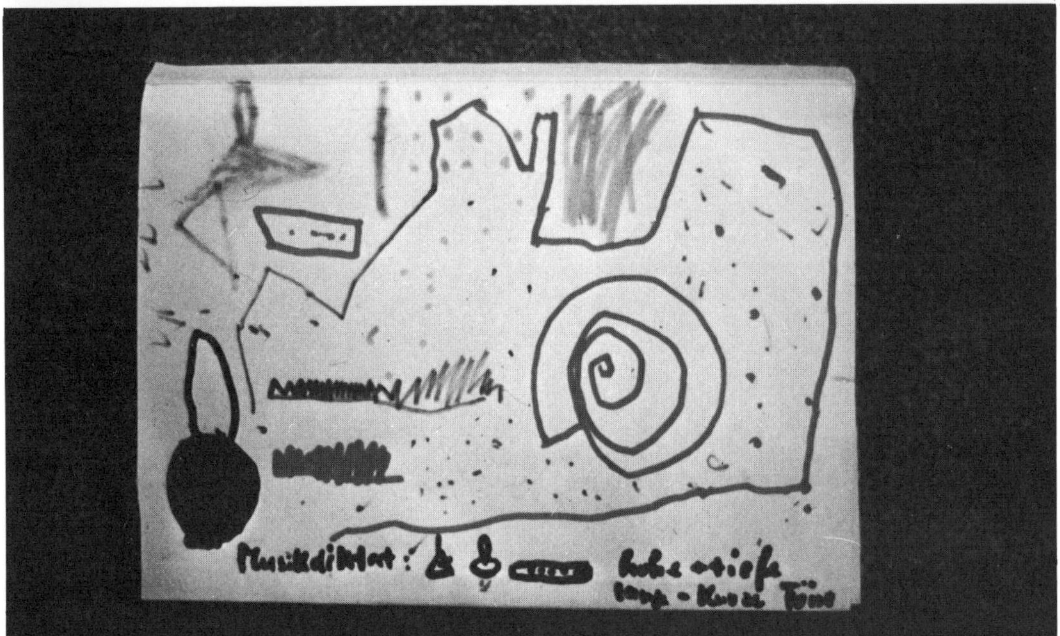
Musikdiktat:
hohe u. tiefe
lang - kurze Töne

& Langgezogene Flötentöne wechseln mit kurzen Schlägen auf einer Pauke. Erst fahren die Kinder die Flötentöne mit der Hand in der Luft nach, dann reagieren sie auf den Paukenschlag mit Händeklatschen. Danach malen sie, während Flöte und Pauke spielen.

& Während der Erwachsene eine Melodie singt oder spielt, malen die Kinder diese nach (bzw. »malen« in der Luft).

& Die Kinder malen oder legen mit Wollfaden oder Seil eine Kurve, die sie erst selbst absingen. Anschließend versuchen sie es mit der Kurve ihres Nachbarn.

& Ein Name oder Wort (kurzes rhythmisches Motiv) wird von einem zum anderen weitergegeben, jedoch jeder wiederholt es ständig, so daß aus dem Kanon eine immer lauter werdende Geräuschlawine wird.

& Dasselbe versuchen die Kinder, indem sie alle zur gleichen Zeit gemeinsam anfangen und sich allmählich vom Leisen zum Lauten steigern. Später kann dies auch gleichzeitig mit einer Steigerung des Tempos verbunden werden.

& Die Kinder spielen »Wind«, indem sie durch Plastikrohre blasen und singen. Es werden Zeichen für »lauter« und »leiser« verabredet, nach denen der jeweilige Dirigent den Ablauf regeln kann. Wie kann man das Lauter-und-Leiser-werden malen?

& Zwei Züge begegnen sich (Autos, Motorboote, Flugzeuge). Durch Schaben oder Reiben, durch ununterbrochene Bewegung können dichte Klangbänder erzeugt werden. Das Geräusch der beiden Züge schwillt an, erreicht einen Höhepunkt, der eine verschwindet, der andere wird langsamer und bremst. Einzelne Geräusch- oder Klangrollen wie Pfeifen oder Lautsprecherstimmen können den Ablauf des Spiels regeln. Den Ablauf malen und auf Instrumenten spielen! Welche Instrumente eignen sich besonders dazu?

& Alle Kinder spielen so laut sie möchten und können. Ein verabredetes Zeichen bringt sie auf unbestimmte Zeit zum Schweigen (Pause). Das Wechselspiel zwischen Krach und Stille wird immer wieder variiert, die Abstände sind ganz unregelmäßig. Jedes Kind darf einmal das Zeichen geben.

& Rhythmisches Improvisationsspiel zwischen Gruppe und einzelnem Kind. Die Kinder spielen auf Fellinstrumenten, Dosen oder Kästen. Während die Gruppe einen refrainartigen, eingängigen und metrisch gegliederten Rhythmus klopft, löst sich der Einzelne aus der Gruppe und spielt sich in fließendem und ungegliedertem Rhythmus frei. Wenn er sein Solo beendet hat, setzt wieder die Gruppe ein. Die Rolle des Solisten geht, ohne daß jedesmals das Spiel unterbrochen wird, nahtlos reihum (nach Lilli Friedemann).

& Zwei Farbklekse laufen ineinander. Wie kann man dies mit Klän-

gen darstellen? Welche Instrumente eignen sich dazu? (Zum Beispiel Gong, Zymbel oder Becken.)

& Aber auch andersartige Klänge lassen sich mischen: ein langgezogener Streicherklang mit dem langen Ton eines Blasinstruments oder dem Wischen auf einem Trommelfell, dem Schaben auf Papier. Helle und dunkle Mischfarben können entstehen. Auf ein Zeichen vermischen sich die Klänge verschiedener Instrumente: eine Farbe kommt zur anderen. Schließlich bleibt ein Mischklang eine Zeitlang stehen – dann wird wieder ein Klang nach dem anderen weggenommen.

& Zwei Instrumente mit verschiedenen punktartigen Klängen und Geräuschen (z. B. Klangspiele aus Plastikbechern und Bambusstäben) setzen nacheinander ein, vermischen sich und trennen sich wieder. Die Kinder malen, tupfen oder kleben (Papierfetzchen) das, was sie hören: je nach Klangfarbe und Tonstärke haben die Punkte verschiedene Farbe und Größe.

& Lang nachklingende Instrumente, nacheinander angeschlagen, verdichten sich zur Klangreihe. Sie wird von spitz getrommelten Klangpunkten geneckt, gestört, durchgelöchert und unterbrochen. Die Kinder malen dazu und denken sich ähnliche Abläufe aus; zum Beispiel spielen sie »stören« und versuchen gemeinsam mit ihren Klangpunkten die Klangreihe des Erwachsenen zu durchbrechen. Zum besseren Verständnis dafür kann man vorher die Kinder ein Bewegungsspiel machen lassen: Mehrere Kinder bilden zusammen einen Kreis. Ein außenstehendes Kind soll versuchen, in diesen Kreis hineinzukommen, wird es hineingelassen? Muß es sich den Platz erkämpfen? Findet es die schwächste Stelle? Braucht es ein anderes Kind zur Verstärkung?

& Aus bunten Wollfäden und verschieden großen, bunten Papierfetzchen soll ein Bild geklebt werden. Die Kinder spielen anschließend ihre Bilder ab, setzen sie in Musik um. Welche Instrumente braucht man dazu und wie müssen diese gespielt werden?

7. Sprache – Lied – Musiktheater

Singe, wem Gesang gegeben! – So viele Menschen dieses Wort schon ermuntert haben mag, so viele hat es resignieren lassen. Für die meisten Menschen bedeutet Singen schon ein Beweis für musikalische Begabung. Das mag in vielen Fällen stimmen, es ist jedoch nur eine Teilbegabung und auch als solche durchaus entwickelbar.
Bereits in Kindergarten und Schule kann es geschehen, daß »Brummer« lieblos links liegengelassen oder belächelt werden. Ein Grund für viele zu verstummen. Denn gerade hier sind die meisten Menschen sehr sensibel und leicht verletzlich.
Dabei möchte eigentlich jeder Mensch singen. Und er kann es auch! Erhält man dem Kind die ursprüngliche Lust dazu, so bieten sich ihm die günstigsten Voraussetzungen, das Singen zu lernen. – Spontan besingt es Bilder aus seinem Bilderbuch. Singend begleitet es seine Bewegungen und sein Spiel. Es spielt singend mit der Sprache, indem es immer wieder neue Laute und Worte findet.
Es wäre sinnlos und falsch, das Kind möglichst früh bremsen und verbessern zu wollen, nur weil es nicht im Sinne des Erwachsenen rein und richtig singt. – Viele Eltern und leider auch Pädagogen sehen hier immer noch den Sinn einer musikalischen Früh-Erziehung!
Es gilt vielmehr, dem Kind die Lust am Singen, am Fantasieren, am Spiel mit Stimme und Sprache möglichst lange zu erhalten. Spiele, in denen es horchen und hören lernt, singende Unterhaltungen mit dem Erwachsenen, das gezielte Wieder- und Weitergeben eines einzelnen Tones oder Intervalls, sie tun das ihre, um ganz allmählich die Voraussetzungen für späteres »reines« Singen zu schaffen.
Lieder, Texte und Rollenspiele sollen im Folgenden dem Kind Spielmöglichkeiten bieten, die Freude am Singen und musikalischen Gestalten auszuleben und zu vertiefen.

Lieder singen, raten, dichten

& Matthias trägt ein Lied mit sich herum. Er möchte es jedoch nicht gleich vorsingen, die anderen sollen es erst erraten. Also summt er zunächst einmal die Melodie. Das Liederrätsel macht Spaß und jedes

Kind möchte dasselbe auf seine Weise versuchen: einmal wird nur der Rhythmus geklopft, dann wieder nur stumm der Mund bewegt, manchmal auch der Anfang eines Liedes auf Silben gesungen, wobei es erraten und weitergeführt werden soll. Guy kommt schließlich auf die Idee, ein Bild von seinem Lied zu malen und Cornelius versucht das seine im Spiel darzustellen ... Jedes gefundene Lied wird mit Begeisterung von allen gesungen.

& Nun suchen die Kinder das bekannteste und beliebteste von all den Rätsel-Liedern aus, zum Beispiel Ri-ra-rutsch:

Ri-ra-rutsch, wir fahren mit der Kutsch,
wir fahren über Stock und Stein,
da bricht das Schimmelchen ein Bein,
ri-ra-rutsch, es ist nichts mit der Kutsch.

Ri-ra-romnibus, wir fahren mit dem Omnibus,
Der Kutscher schläft. Da macht es: bum!
Da fällt der alte Kasten um.
Ri-ra-romnibus! Da liegt der dumme Omnibus.

& Schon allein der Text macht Spaß. Wenn das Sprechen mit Klatschen, Patschen, Schnipsen oder Schnalzen begleitet wird, klingt dies ganz lustig. Doch Ekki stört es, wenn einige immer wieder in die Pau-

C: »Das ist mein Lied«
D: »...und wie klingt das?«
C: »Du siehst es doch genau, da gibt es Noten, die klingen... und eingesperrte Buchstaben, die schreien!«
D: »Warum schreien die?«
C: »Weil sie gefangen sind und rauswollen!«
D: »Und die Zeichen, die nicht eingerahmt sind?«
C: »Die sind ganz leise, sie sind ja schon frei...«

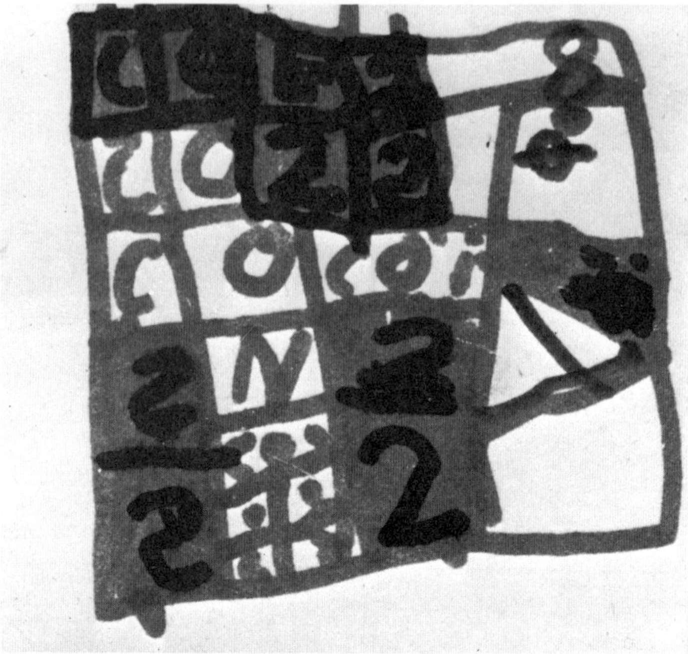

C: »Das ist mein Vers. Ich habe ihn aufgeschrieben. Wenn man da in der Mitte dreht, purzeln alle Wörter durcheinander und es klingt immer anders.«

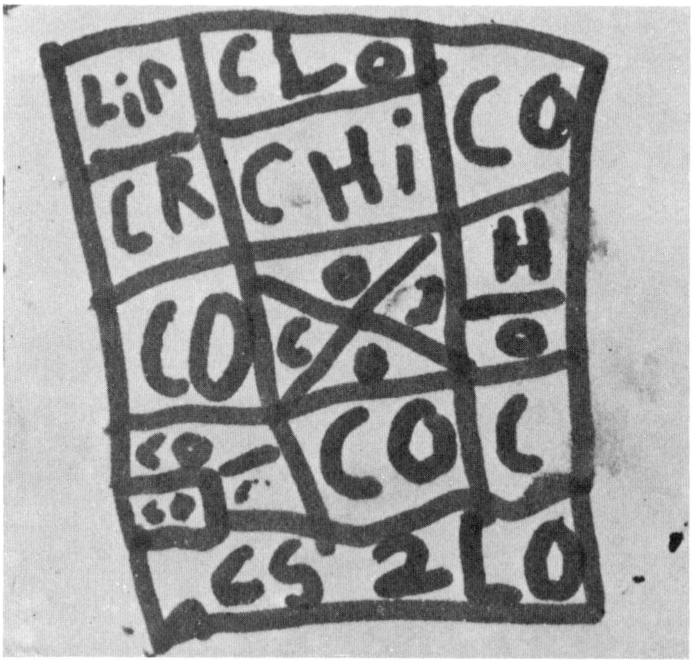

sen hineinspielen. Um diese Pausen jedem Kind klarzumachen, sprechen alle erst einmal den Text durch, ohne dazwischen zu atmen. Eine »atemberaubende« Sache! Danach ist jedem klar, daß man an ganz bestimmten Stellen Luft holen muß. Während alle Kinder noch einmal langsam und organisch den Vers sprechen, gibt Ekki mit einem Zymbelschlag (Klatschen) die »Luftlöcher« an.

Sprechspiele

& Auch Sprache kann klingen und, wie Musik, farbig gestaltet werden. Man kann die einzelnen Textteile (Abschnitte, Wortgruppen) deutlich voneinander abheben. Lautes oder leises Sprechen, Wechsel von hohen und tiefen Tönen lassen Kontraste entstehen. Steigerungen und dynamische Veränderungen ergeben sich aus Übergängen vom langsamen ins schnelle Tempo bzw. vom Leisen zum Lauten und umgekehrt.

& Diese Spiele mit der Sprache lassen sich noch weiter ausdehnen. So finden die Kinder Klangwörter oder Silben, die sich als Begleitfiguren eignen und geflüstert, gesprochen oder gesungen werden (»Ri-ra-rutsch«!). Auch Summtöne bilden oft einen reizvollen Hintergrund zur Sprache. Wenn dann schließlich einzelne Sätze auf Kinder oder Gruppen verteilt und gleichzeitig oder nacheinander gesprochen werden, entstehen Überlagerungen, Schichtungen oder sich jagende Kanons. Ein aufgemalter Spielplan und ein Dirigent lassen das Ganze hinterher abrollen. Wen wundert's, daß beim anschließenden Singen die Ideen nicht ausgehen, wie und womit sich ein Lied begleiten und gestalten läßt.

Ri-ra-rollen-spiel

& Doch allzulange läßt sich der kindliche Bewegungsdrang nicht bremsen. Julias Idee, das Lied zu spielen, wird begeistert aufgenommen. Alle machen mit und jeder bekommt seine Rolle. Da gibt es eben dann mehrere kranke Schimmelchen, Kutschen und einen alten Omnibus aus lauter Kindern, die unter einer großen Decke stecken...

& Kein Wunder, daß bald die Verse knapp werden. – Aber man kann ja auch selbst welche dichten:

Ri-ra-risch, wir angeln einen Fisch!
Der Fisch ist groß,
zieht alle dran!
Doch plötzlich kippt er um, der Kahn.
Ri-ra-risch, jetzt zappeln wir beim Fisch!

Ri-ra-rau, heut machen wir Radau!
....

Ein selbstgemachtes Liederbuch

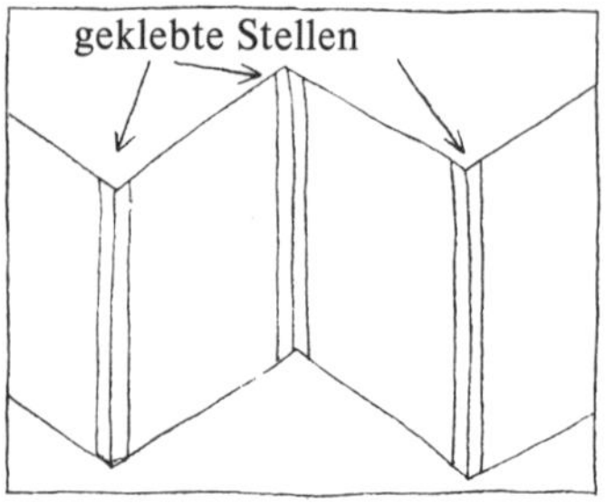

& Ein Lied, besonders ein selbstgedichtetes, wird oft schnell vergessen! Da die meisten Kinder noch nicht schreiben können, malen sie einfach ihr Lied auf ein Blatt Papier. Sie malen oder kleben die einzelnen Szenen oder Strophen und heften sie hinterher nacheinander in ein Buch. Noch besser eignet sich dafür eine Art Zickzack-Leporello, in das die Blätter eingeklebt und wie eine Ziehharmonika zusammengeklappt oder auseinandergezogen werden können.
& Aber auch folgende Idee von Matthias läßt sich durchführen: Auf einer langen Tapetenrolle malt die Gruppe »ihr« Lied, ihre selbstgedichtete Strophe in einzelnen Bildern und Szenen. Nachher kann das Ganze abgespielt oder bildlich gesprochen »abgerollt« werden.
Damit selbsterfundene Lieder auch zu Hause gesungen werden können, schreibt der Erwachsene, eventuell mit Hilfe älterer, bereits schreibkundiger Kinder, den Text neben die gemalten Bilder.

Methodische Spielvorschläge

Für Kinder ab 2 Jahren

Singen bedeutet für dieses Alter ebenso Entwicklung der Sprache wie auch der späteren Fähigkeit zum Singen. Je früher man das Kind zum lustvollen Experimentieren mit Stimme und Sprache anregt, desto besser!

Atem als Erfahrung

& Man läßt das Kind Papierbälle, Tennisbällchen oder Luftballons pusten.
& Man läßt es an verschiedenen Blumen riechen.
& Das Kind bläst oder haucht in ein Plastikrohr (Schlauch oder Trichter) vom Mund zum Ohr des Erwachsenen oder eines anderen Kindes. Es kann auch selbst seine Hand davor halten. Dabei erfährt es, daß Atem warm und kalt sein kann.

Erfahrungen mit Stimme und Sprache

& Das Gesicht des Erwachsenen oder eines Freundes wird abgetastet und die einzelnen Teile benannt.
& Man singt gemeinsam, indem die Hand vor dem Mund bewegt wird (a-e-i-o-u).
& Das Kind singt mit zugehaltener Nase.
& Die Backen werden aufgeblasen und durch Hineinstupfen zum Platzen gebracht.
& Es versucht zu schnalzen.

& Während es singt, bewegt es schnell seine Zunge an der Oberlippe.
& Finger-, Fuß- und andre klangvolle Körperspiele werden mit Tonsilben und Lauten begleitet (patsch, bum, pitsch ...) und eventuell miteinander kombiniert.
& Reiche Ausdrucksmöglichkeiten bieten Tierlaute: brummen, meckern, brüllen, miauen, gurren, sei es laut oder leise, hoch oder tief. Hier sollte das Kind immer auch die entsprechenden Bewegungen dazu machen.

Spielformen für Reime, Verse und Lieder

Ene mene Miesmaus
lief ums Rathaus
schillewipp, schillewapp
und du bist ab

Weißt du was?
wenns regnet wirds naß
wenns schneit wirds weiß
du bist ein alter Naseweis

Ähnliche Abzählverse, Handmärchen, Kniereiter- oder Krabbelverse machen Kindern in diesem Alter viel Spaß. Man kann sie mit ihm

sprechen, singen oder das Kind bestimmte Worte ergänzen lassen. Oft wird es nur gespannt zuhören und erst viel später das Gehörte in seiner Sprache und seinen Ausdrucksmöglichkeiten wiedergeben.
& Mit Fingern, Händen oder Füßen begleitet es solche kleinen rhythmischen Sprachgebilde. Es bewegt sich dazu auf der Schaukel, auf seinem Schaukelpferd, auf dem Arm, auf dem Schoß oder Rücken eines Erwachsenen.
& Verse können bestimmte Tätigkeiten und Ereignisse für ein Kind zum Vergnügen machen. Oft kommt es dabei zu einem Wechselspiel (-gesang) mit der Mutter, zum Beispiel beim Essen:

»Einen Löffel für die Wippelmaus
einen Löffel für das ganze Haus
einen Löffel für das Häschen auf dem Tisch
einen Löffel für den dicken Badefisch
einen Löffel für das Schmusekätzchen
einen Löffel für das Puppenschätzchen ...«
... und das kann nach Belieben so weitergehen.

& Lieder müssen nicht erst gelernt werden! Spontan singt das Kind zu Bildern aus seinem Bilderbuch.
& Lieder müssen (noch) nicht »richtig« gesungen werden! Ein Kind in diesem Alter singt bekannte und unbekannte Lieder, die es irgendwo aufschnappt oder die ihm gerade in den Sinn kommen, auf seine Art zu Ende.
& Manchmal kann es bereits Lieder erraten, von denen es nur die Melodie hört oder indem es vom Erwachsenen ein Stichwort bekommt wie: »vom Hänschen« – »vom Regentröpfchen« oder »vom Vogel«.
& Weil's Spaß macht und zur Festigung der Melodie kann man das Kind ein bekanntes Lied in einer Tiersprache singen lassen.

Singspiele

& Das Kind läßt sich von seiner Mutter in den Schlaf singen und wiegen. (Solche Spiele sollte man sich ruhig auch einmal tagsüber, nicht nur vor dem Schlafengehen einfallen lassen.) Dasselbe spielt das Kind mit seiner Puppe oder einem anderen Kind.
& Es erfindet Klangwörter und -silben als Schlaflied.
& Bestimmte Musik oder rhythmische Impulse verwandeln es spontan in ein Auto, ein galoppierendes Pferd, einen Kreisel oder eine kriechende Schnecke.
& Innerhalb einer Kindergruppe spielt es mit anderen Feuerwehr, Eisenbahn oder Tierspiele, jedoch ohne Szenenfolge. Es singt und bewegt sich dazu.
& Mit Kasperlepuppen kann es ein Zwiegespräch (-gesang) führen.
& Fingerspiele findet es besonders schön, wenn auf die Finger Gesichter gemalt oder Hütchen gesetzt wurden.

Für Kinder ab 4 Jahren

Das Erlernen eines Liedes durch ständiges Textnachsprechen oder Melodienachsingen bedeutet für Kinder in diesem Alter keine echte musikalische Aktivität. Es kann und darf noch nicht das Ziel sein, sie etwas Gelerntes produzieren zu lassen. Vielmehr gilt es durch Sprechen und Singen musikalische Aktivitäten zu wecken und herauszufordern.

Atem als Erfahrung

& Solange sein Atem reicht, blubbert das Kind mit einem Strohhalm in ein Wasserglas.
& Es spielt und singt einen Atemzug lang »Flugzeug«, »Biene« oder »Sirene«.
& Durch »Aufblasen« des Bauches versucht es eine locker um den Bauch geschlungene Schnur anzuspannen.

Erfahrungen und Experimente mit Stimme und Sprache

& Mit der Stimme ahmt das Kind Geräusche der Umwelt, aus der Natur und von Tieren nach.
& Es drückt mit der Stimme Kontraste aus und erlebt sie dadurch; zum Beispiel Löwe – Maus durch Schreien und Flüstern...

Ich bin ein kleiner Pumpernickel
bin ein kleiner Bär
und wie mich Gott erschaffen hat
so zottel ich daher.

Solche Verse (auch Abzählverse, Rätselverse oder Zungenbrecher) lassen sich flüstern, murmeln, brüllen, stockend, lustig, traurig oder feierlich aussprechen.

& Der Fantasie des Erwachsenen wie auch des Kindes, Texte zu finden und zu spielen, sind hier keine Grenzen gesetzt:
Einzelne Textteile werden als Echospiel gesprochen (laut – leise), man wird lauter oder leiser oder »spricht« tonlos, wobei nur die Mundbewegungen sehr deutlich sein müssen.

& Das Kind kann einen Vers oder eine Verszeile mit zum Schalltrichter geformten Händen hinausrufen oder leise einem anderen ins Ohr »telefonieren«.

& Während der Vers gesprochen wird, klopft, patscht oder klatscht das Kind den Rhythmus dazu.

Spielformen für Lieder

& Bekannte Lieder werden durch Summen, Klatschen des Rhythmus oder szenische Darstellung erraten und anschließend gesungen.

& Das Kind sucht sich einen Partner, der es zu seinem selbstgewählten Lied begleitet.

& Spaß-Lieder werden auf einen Vokal gesungen, zum Beispiel: Drei Chinesen mit dem Kontrabaß – Dro Chonosen mot dom Kontroboß... Dafür eignet sich fast jedes Lied!

& Während ein Lied gesungen wird, zeigt das Kind den Verlauf der Melodie als Kurve in der Luft mit oder versucht sie zu malen.

& Der Anfang einer Liedmelodie wird gesungen. Das Kind spinnt die Melodie fort und bringt sie zu einem Schluß.

& Lieder-Bilderrätsel. Ein angefangenes Bild erinnert an ein ganz bestimmtes Lied. Das Kind malt weiter und singt das Lied anschließend.

& Ein erstes Liederbuch entsteht. Das Kind malt »sein Lied« oder schneidet bestimmte Gegenstände aus, die es daran erinnern. Die einzelnen Blätter werden schließlich zusammengeheftet.

Singspiele und Musiktheater

& Gesungenes Frage- und Antwortspiel zwischen zwei Kindern. Oft lockert es eine gewisse Befangenheit auf, wenn die Kinder bestimmte Tiere spielen (z. B. Begegnung zwischen Frosch und Storch) oder zwei Handpuppen die Rolle übernehmen.

& Lieder als Rollen- und Bewegungsspiele. Beispiel:

Mutter und Wolf sitzen abseits von den Täubchen. Diese laufen am Schluß alle zur Mutter. Wer dabei vom Wolf erwischt wird, ist im nächsten Spiel der Wolf.

& Ausrufer- und Anruferspiele eignen sich für Spielsituationen wie Wochenmarkt, Kinderfest oder Kaufladen. Wenn jedes Kind sich etwa aus Plastillin Dinge für seinen eigenen Kaufladen herstellt, wird dies seine Fantasie beflügeln.

& Menschliche Verhaltensweisen werden gespielt, wie: lachen, weinen, trösten, schimpfen. Dabei muß der Erwachsene notfalls eine Spielsituation anbieten können, ein Thema, das das Kind anspricht und zum Spiel motiviert, das direkt in seinem Erlebnisbereich liegt. Beispiel: Das Kind hat einen neuen Roller bekommen, es lacht, es freut sich, da fällt es hin, tut sich weh, weint; die Mutter tröstet es, der Nachbar schimpft, weil es so laut schreit...

& Telefongespräche zwischen Kindern. Man teilt sich etwas Trauriges, Lustiges oder Überraschendes mit.

& Lieder, kleine Geschichten oder Märchen werden als Pantomime gespielt und mit Instrumenten begleitet. Man kann dasselbe auch mit gesungenen Dialogen spielen lassen.

& Musikalisches Fingertheater. Aus einer kleinen Kiste oder Schuhschachtel wird ein Fingertheater. Die Schauspieler sind die Finger mit

aufgemalten Gesichtern und Hütchen aus Flaschenverschlüssen oder angemalten Streichholzschachteln.

& Schattenspiele zu Musik. Die tanzenden Kinder sollen an ihren Bewegungen von den anderen erkannt werden. Auch Geschichten oder gespielte Lieder können zu einem musikalischen Schattentheater werden. Die Akteure sind Finger, Hände, Puppen oder auch Kinder.

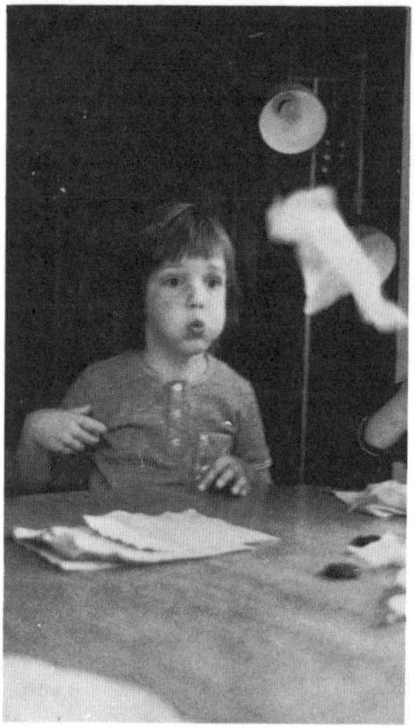

Für Kinder ab 5 Jahren

Im Umgang mit Stimme und Sprache hat nun das Kind bereits eine gewisse Virtuosität entwickelt. Interessiert und bereitwillig geht es auf Spielangebote ein, die seine bereits vorhandenen Fähigkeiten herausfordern und weiterführen. Wenn auch weiterhin der Schwerpunkt auf der Entwicklung musikalisch schöpferischer Initiative liegt, so seien im Folgenden auch Vorschläge aufgezeigt, die es dem Kind ermöglichen, erste Bekanntschaft mit der Notenschrift zu machen. Es sollte ganz allmählich dazu kommen, Gehörtes in Notenschrift umzusetzen und wieder abzulesen.

Atem als Erfahrung

& Wer hat den längsten Atem? Ein Pfeifenton wird mit der Uhr gemessen und vom Kind während des Pfeifens als langer Strich aufgemalt.

& Kurze Pfeifen(Flöten-)töne werden, indem man mit gestoßenem Atem bläst, als Punkte aufgemalt. Wer schafft in einem Atemzug die meisten Punkte?

& Eine Papierserviette wird in die Luft geblasen.

& Ein Stück Seidenpapier, mit einem Strohhalm angesaugt, soll so von einem zum anderen weitergegeben werden.

Erfahrungen und Experimente mit Stimme und Sprache

& Schmerz, Freude, Erstaunen, Ekel oder Schreck kann in Sprachlauten ausgedrückt werden. Jede einzelne Situation wird mit verteilten Rollen durchgespielt.

& Wie kann man solche Sprachlaute auf Instrumenten ausdrücken? Ahh – gestrichene, tiefe Saite auf dem Kontrabaß (Cello ...) oder: i – der helle Klang einer Triangel.

& Ein Vers oder Liedtext wird musikalisches Spielmaterial, durch Betonen oder Hervorheben von Vokalen oder Konsonanten, durch Sprechen in verschiedenen Tonhöhen, durch betont rhythmisches Sprechen oder Änderung des Rhythmus. Man kann lustig, neckend oder brummend sprechen.

& Verse-Raten. Ob man einen bekannten Vers wiedererkennt, wenn man ihn im Kanon spricht, einzelne Teile ineinanderverflicht, be-

stimmte Worte herausnimmt oder das Ganze in verschiedener Ausdrucksweise und Betonung spricht? – Dies kann als vokales Improvisationsspiel mit mehreren Kindern gespielt werden. Ein Dirigent bringt sie durch Gesten zum Einsatz.

Notieren von Melodien und Liedern

& Der Rhythmus eines Liedtextes wird in Punkten (kurz) und waagerechten Strichen (lang) notiert, z. B.:

Uns-re Katz heißt Mohr-le, hat zwei schwar-ze Ohr-le
• • • • – – • • • • – –

Anschließend werden die betonten Stellen (Taktschwerpunkte) durch Klatschen markiert, während gleichzeitig ein Kind einen senkrechten Strich vor die betonte Stelle setzt.

Uns-re Katz heißt Mohr-le, hat zwei schwar-ze Ohr-le
• • • • – – • • • • – –
♩ ♩ ♩ ♩ 𝅗𝅥 𝅗𝅥 ♩ ♩ ♩ ♩ 𝅗𝅥 𝅗𝅥

Nun kann der Erwachsene unter die Zeichen der Kinder die »richtigen« Notenwerte einsetzen. Das Kind wird sie nach einigen »Zudeck-Spielen« mühelos abspielen können.

& Jedes Kind bekommt einen langen Papierstreifen zum Malen, damit man anschließend das ganze Lied in einzelne Teile schneiden kann

(jeweils eine Phrase oder Zeile). Diese können dann einzeln abgespielt oder sogar zu einem neuen Lied zusammengestellt werden.
& Das Kind versucht, seinen eigenen Namen in richtigen Notenwerten aufzuschreiben.
& Verschiedene Lieder werden gesungen. Die Kinder zeigen in der Luft den Verlauf der Melodiekurve mit, während der Erwachsene diese aufmalt. Nachher sollen die Kinder die einzelnen Lieder an der Form der Kurve wiedererkennen. Diesesmal jedoch wird beim Singen nicht mehr die gleiche Reihenfolge der Lieder eingehalten.

& Indem gemeinsam in langsamem Tempo eine solche Liedkurve abgesungen wird, tupft ein Kind mit dem Stift oder der Kreide die einzelnen Tonschritte auf der Kurve nach.

Die oben stehende Melodiekurve kann nun in ein fünfliniges Notensystem eingeordnet werden, ohne daß das Kind dies als abstrakte und befremdende Sache empfindet (siehe Abbildung).

Spielformen für Lieder

& Blinzeln. Mehrere Kinder singen gemeinsam ein Lied. Sobald ein Kind einem anderen zublinzelt, sind alle anderen still und lassen es allein weitersingen.
& Während ein Lied vorgesungen oder -gespielt wird, tanzen die Kinder dazu. Sobald die Musik abbricht, stehen sie still und singen leise die Melodie weiter.
& Wörter oder Buchstaben werden aus Liedern ausgelassen, zum Beispiel: »Mein Hut, der hat drei Ecken« oder: »Auf der Mauer, auf der Lauer«. Dasselbe kann man natürlich auch mit anderen (kurzen) Liedern machen.
& Lieder mit vielen Strophen, die möglichst nur aus einem Satz bestehen sollten, eignen sich gut zum Weiterdichten, zum Beispiel: »Ein Bauer fuhr ins Heu«, »Ein Schneider fing 'ne Maus« oder »Rundadinella«.

Wir singen wie die Kuh, rundarundamuhmuh,
und kauen immerzu, rundamuhmuhmuh.

Wir singen wie die Katzen, rundarundamiau,
und heben unsere Tatzen, rundamiaumiau.

Wir singen wie die Amseln, (pfeifen)
und springen wie die Gamseln, rundadinella.

Nun quietschen wir ganz läuse quie-quie-quie-quie-quie,
wie tausend kleine Mäuse, quiequiequiequiequie.

Als nächstes ist der Hahn, kikikikeriki,
mit stolzem Krähen dran, kikikikeriki.

Wir singen nur zu dritt, rundadinella,
die... singt nicht mit, igittigittigitt.

usw., das Lied läßt sich endlos fortsetzen.

& In einem selbstgemachten Liederbuch können solche Lieder gemalt und aufgeschrieben werden. Melodiekurven kann zunächst der Erwachsene in ein 5-liniges Notensystem »einpassen«, bis dies ganz allmählich auch das Kind zustande bringt.

Singspiele, Musiktheater

& Kasperlfiguren sagen Verse auf verschiedene Weise, einmal traurig, dann lustig, drohend oder neckisch.
& Zwei Kinder unterhalten sich singend miteinander. Das eine fragt, das andere antwortet. Dasselbe spielen sie danach mit Klopfzeichen oder in der Trommelsprache.
& Zwei Freunde begegnen sich, sie erzählen sich, hören sich zu, wissen etwas Wichtiges, geraten in Streit und gehen wieder auseinander. Diese Szene wird gespielt und anschließend als musikalisches Geschehen auf Instrumenten ausgedrückt.
& Gespielte Lieder werden vom Zuschauer erraten (Charade).
& Lieder wie die »Vogelhochzeit« oder »Auf der schwäbschen Eisenbahne« eignen sich als gesungene Spielszenen. Dabei können sie von einer Instrumentalgruppe musikalisch umrahmt werden. – Meist

reichen dabei die Strophen nicht aus, so daß die Kinder sich selbst welche dichten müssen.
& Ein Lied wird gespielt und musikalisch mit rein vokalen Mitteln untermalt und »ausgedeutet«. Dabei werden als »Instrumentarium« Summtöne, Wortfetzen, Konsonanten, Vokale, verschiedene Stimmlagen und -funktionen verwandt.
& Anhand eines Gegenstandes erfinden die Kinder eine Geschichte und denken sich dabei die entsprechende Musik aus. Hierbei soll es sich nicht nur um reine Geräuscheffekte handeln, sondern um musikalischen Ausdruck, z. B. für Begriffe wie »Helligkeit«, »die Sonne geht auf« oder »Verzauberung«.
& Ein Musikstück wird als Pantomime mit verteilten Rollen gespielt, wobei der Stimmungsgehalt der Musik das Geschehen und seinen Ablauf bestimmt.
& Masken mit lustigem, traurigem oder bösem Ausdruck werden aus Tüten hergestellt und im musikalischen Pantomimespiel eingesetzt.
& Fernsehspiele hinter einem Fernsehapparat aus Pappe: Die Kinder machen sich eine eigene Sendung, etwa über ein Konzerterlebnis, einen gemeinsamen Museumsbesuch oder das letzte Kinderfest.
& In eine andere Haut schlüpfen! Große Papiertüten werden mit den eigenen Umrissen bemalt und angezogen. Die Kinder spielen und tan-

zen zur Musik. Auf ein Zeichen werden die Kostüme vertauscht. Dabei soll sich jedes Kind so verhalten, wie der, in dessen Haut es gerade geschlüpft ist.

& Der Anfang einer Geschichte oder ein paar unzusammenhängende Wörter können im Kind den Impuls auslösen, eine Geschichte weiterzuführen bzw. zu erfinden. Mehrere Kinder malen gemeinsam eine solche Geschichte, die sie dann anschließend mit verteilten Rollen spielen. Die einzelnen Szenen werden auf einer langen Tapetenrolle festgehalten und bilden den Spielplan für das Spielgeschehen. Gesang und der Einsatz von Instrumenten lassen so ein kleines Musiktheater entstehen.

& Wer war Mozart? – Welche Musik hat er geschrieben, wie sah er aus, wie hat er gelebt? Interviews mit oder ohne Tonband werden von den Kindern mit dem Erwachsenen zusammen aufgenommen. Man kann gemeinsam eines seiner Werke, etwa die »kleine Nachtmusik« anhören. Vielleicht werden die Kinder ein Museum einrichten wollen, wo sie ausgeschnittene Bilder, Postkarten, Noten oder Erinnerungsstücke aus seinem Leben ausstellen, wie zum Beispiel seinen Schlüsselbund, seine Stimmgabel, seinen Notenständer... Schließlich spielt das »Orchester« die kleine Nachtmusik: Die Musiker erscheinen auf der Bühne, sie stellen die Notenpulte auf, stimmen die Instrumente... Auf diese Weise können auch schon kleine Kinder die Bekanntschaft mit großen Musikern machen!

8. Musik – Bewegung – Tanz

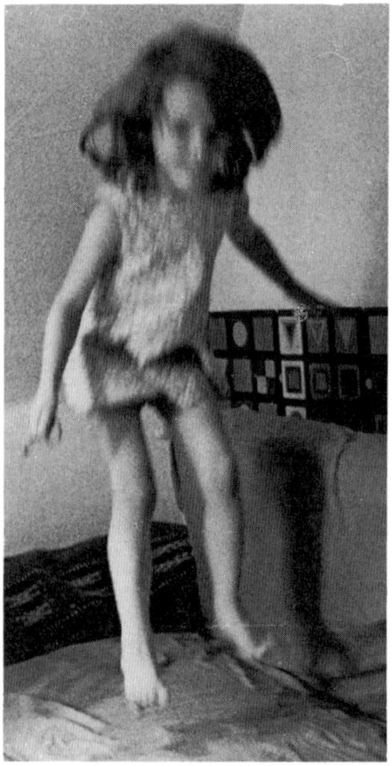

Schon bei ganz kleinen Kindern läßt es sich beobachten, in welch dichtem Zusammenhang Musik und Bewegung stehen. Unmittelbar und mit seinem ganzen Körper reagiert das Kind auf Musik. Es wiegt sich, schüttelt sich, nickt mit dem Kopf, dirigiert mit den Händen, hüpft oder galoppiert. Sein Gesicht spiegelt höchstes Vergnügen, oft großen Ernst – es erlebt sich selbst, macht sich frei.
Nicht oft genug kann man Kindern jeden Alters die Möglichkeit des freien Tanzens bieten!
In der freien Bewegung dehnt das Kind spielerisch seinen Aktionsradius aus. Es findet sich zurecht, lernt sich orientieren. Es lernt Umkreis und Raum – und damit Richtungen und Ziele kennen. Gegenstände wie Bälle, Stäbe, Reifen, Seile oder Polster helfen ihm dabei. An ihnen und mit ihnen begreift es Bewegung, Gleichgewicht und spielerische Aktionsformen.
Gleichzeitig nimmt das Kind in Bewegungsspielen Kontakt mit seinem Gegenüber auf. Wie auch immer dieses Gegenüber aussehen mag, das Kind teilt sich ihm mit, es mißt sich an ihm, führt oder läßt sich führen. So lernt es seinen Partner, den Erwachsenen, ein anderes Kind oder die Gruppe kennen und abschätzen. Und hieraus kann Vertrauen in sich selbst und in den anderen entstehen.
Schließlich teilen sich dem Kind besonders in der Bewegung (wie auch in der Sprache, im Umgang mit Material oder Instrumenten) musikalische Gesetzmäßigkeiten mit. Es reagiert spontan auf Formen und musikalische Abläufe. Ebenso begreift es Gehörtes und versucht, es bewußt in Bewegung umzusetzen (Pausen, verschiedene Rhythmen, dynamische Veränderungen, Kontraste oder Imitationen).
Fast überflüssig zu erwähnen, daß der Erwachsene sich auch hier mit Werturteilen und Leistungsansprüchen zurückhalten muß. Vielmehr muß er durch seine Toleranz kindlicher Äußerung gegenüber, sowie durch ständige Aufmunterung die Voraussetzungen dazu schaffen, die das Kind beflügeln seine Fantasie und Originalität zu entfalten.
Folgendes sollte man beachten: Oft ist es sinnvoller, selbst auf Instru-

menten zu improvisieren, als Musik aus Radio und Platten heranzuziehen. Manche Spiele haben nur Sinn, wenn die Musik auf das Bewegungstempo der Kinder eingehen kann.

Tanz mit einem Tischtuch

& Wer kam eigentlich auf diese Idee? Ja, man wollte Zirkus spielen und brauchte einen Vorhang für den Auftritt der Artisten, Clowns und Tiere. Isabell und Philipp waren auf zwei Stühle geklettert, um den Vorhang rechtzeitig bei Beginn der Musik wegzuziehen (Folklore-Tänze auf Platte). Da geschah es, daß im Eifer des Gefechts der Vorhang von den Köpfen der hereinstürzenden Kinder einfach mitgezogen wurde. Doch alle fanden dieses Hindernis so lustig, daß es einfach mit ins Spiel einbezogen wurde.

Nun wird eben mit dem Tuch getanzt! Alle Kinder fassen es an, spannen oder schütteln es, indem sie sich zur Musik gemeinsam drehen, hopsen, stampfen, schleichen oder springen.

& Manchmal wird es wie ein Zeltdach hoch über die Köpfe der Kinder gespannt, dann hocken sie sich eng zusammen und verkriechen sich darin. Ein anderes Mal hängt es schlaff hinunter, wenn sich die hochgereckten Arme in der Mitte treffen. Dann wieder streben alle Kinder auseinander, soweit es das Tuch zuläßt, sie lehnen sich nach außen und halten sich so gegenseitig. Schließlich wird es hochge-

schleudert, losgelassen und wieder von allen aufgefangen. Jedesmal übernimmt ein anderes Kind die Initiative, um die Gruppe zu gemeinsamem Spiel und Reagieren zu bringen.

& Sonja will sich in das Tuch hineinlegen wie in eine Hängematte. Anfangs ist es ihr nicht so ganz geheuer, als sie von den anderen Kindern im Rhythmus der Musik gewiegt, gerollt und geschüttelt wird. Doch bald weiß sie, daß sie ihnen vertrauen kann. Niemand läßt sie los. – Natürlich kann jeder kaum erwarten, an die Reihe zu kommen.

& Luftballontanz! Nun wird das Tuch mit Papierknäueln oder besser mit Luftballons gefüllt. Dabei wird es so gespannt, daß kein Ballon hinunterrollen kann. Vorsichtig bewegen sich die Kinder zur Musik, sie versuchen allmählich die Ballons zum Tanzen zu bringen und immer wieder aufzufangen.

& Auf einem Schlaginstrument wird improvisiert. Allmählich steigert sich der Rhythmus (die Kinder bewegen sich dazu mit dem Luftballontuch) bis er schließlich an einem Punkt unterbricht beziehungsweise die rhythmische Improvisation ihr Ende findet. In diesem Moment schlägt ein Kind, das unter dem Tuch sitzt, mit aller Kraft dagegen, so daß die Ballone in die Luft geschleudert werden. Wieder auffangen!

& Klänge und Geräusche, auf veschiedenen Instrumenten erzeugt,

sind Signale für Bewegungsspiele: z. B. balancieren alle Kinder mit ausgestreckten Armen vorsichtig auf dem Rand des Tuches (tiefer See!), dann hüpfen sie im Wechsel hinein und heraus, sie springen rundherum, sammeln sich in der Mitte...

& Ein paar Kinder beginnen Formen aus dem Tuch zu legen: einen Ball, einen Knäuel, sie drehen einen dicken Strick, formen ihn zu einem Kreis, einer Schnecke, einer Kurve oder Straße. Mit verbundenen Augen lassen sie sich gegenseitig die Formen ertasten, gehen oder balancieren darauf und versuchen schließlich einzeln oder in der Gruppe dieselben zu spielen. Dabei übernimmt immer abwechselnd ein Kind die Führung der Gruppe. Es zieht sie als Schlange (am Strick) durch den Raum, fesselt sie mit dem Strick zu einem Knäuel oder rollt alle Kinder hinter sich zur Schnecke auf (mit Musik).

& Als endlich alle Kinder unter dem großen Tuch zu einem Riesentier werden, gibt es viel zu lachen. Erst darf es wild und ungestüm seine Runden traben, dann soll es gezähmt werden, damit man es im Zirkus auftreten lassen kann. Da es scharfe Ohren hat, macht es ihm wenig Schwierigkeiten, genau auf die Musik zu hören, seine vielen Glieder zu ordnen und die Bewegungen auf die Musik einzustellen. Während nun der Erwachsene auf dem Klavier oder auch auf Schlaginstrumenten (verschiedene Anschlags- und Spielarten: kratzen, schaben, trom-

meln, klopfen...) improvisiert, verschiedene Rhythmen und auch andere Instrumente dazu benützt, bewegt sich das Tier. Es trabt, es schlängelt sich, es stampft, es kriecht, es windet sich, es bäumt sich auf, reckt und streckt sich, es bockt und stockt, macht Riesenschritte oder tänzelt gar. – Schließlich aber hat es sich nach seinem anstrengenden Auftritt eine Handvoll Erdnüsse redlich verdient!

Methodische Spielvorschläge

Für Kinder ab 2 Jahren

Dem Urbedürfnis des Kindes, sich nach Musik zu bewegen, sollte vom Erwachsenen so weit wie möglich nachgegeben werden. Hier bieten sich wichtige Ansatzpunkte und Entwicklungsmöglichkeiten für die Persönlichkeit des Kindes selbst.

Musik und Bewegung als Selbsterfahrung

& Das Kind tanzt und hopst auf Polstern zur Musik oder einem improvisierten Schlagrhythmus. Es tanzt mit kleinen Instrumenten (Rasseln, Glöckchenbändern, Flötenköpfen oder Mundharmonikas), Luftballons oder bunten Tüchern.
& Es tanzt an der Hand, auf dem Arm oder auf dem Rücken des Erwachsenen.

Erfahrungen mit anderen durch Musik und Bewegung

& Kind und Erwachsener oder zwei Kinder sitzen sich gegenüber, fassen sich an den Händen und schaukeln wie ein Schiff.
& Einer reitet auf dem anderen und schaukelt als Schnecke oder Pferd durch den Raum.
& Mehrere Kinder fassen an einem Tuch mit an. Sie bewegen oder spannen es und werfen klingende Dinge hinein, die sie in der Tanzbewegung zu Rasseln bringen.
& Ein Kind legt sich selbst in das Tuch. Es wird geschüttelt, gerollt, geschaukelt oder gewiegt, je nach Art der Musik. Es soll darauf vertrauen lernen, daß es nicht fallengelassen wird!
& Mehrere Kinder halten sich an einem Seil fest und bewegen sich zur Musik als Schlange durch den Raum, bilden einen Kreis oder schnüren sich zusammen.
& Zwei oder mehrere Kinder halten sich an sich selbst fest (im Kreis oder paarweise). Sie drehen sich, hopsen oder stampfen gemeinsam zur Musik.

Koordinieren von Bewegungen und musikalische Reaktion

& Das Kind bewegt seine Füße, Hände und Finger. Es klopft, patscht, poltert oder trommelt und begleitet dies mit entsprechenden Silben oder Lauten (»pitsch«, »patsch«, »bumm«, »tip« ...).
& Ein Ball rollt von einem zum anderen. Durch Fangen und Abgeben soll das Kind reagieren und bestimmte Bewegungsreflexe beherrschen lernen.
& Ein Kind rollt das andere bzw. der Erwachsene rollt das Kind und läßt sich von ihm rollen.
& Das Kind bewegt sich zu einem improvisierten Schlagrhythmus auf einem Tamburin. Sobald der Erwachsene die Spielart wechselt und mit den Fingern auf dem Trommelfell kreist (schabt), reagiert das Kind darauf. Es hält still oder legt sich, um zu »schlafen«. Geht der Erwachsene wieder auf den Schlagrhythmus über, tanzt das Kind weiter. (Wichtig: möglichst keine verbale Aufforderung!)

Lieder und Verse als Sing- und Bewegungsspiele

& Kniereiten mit dem Erwachsenen: »Hoppe Reiter«, oder »Steigt ein Büblein auf den Baum...«.
& Wiegenlieder, als wichtige Entspannungsmöglichkeit, nicht nur vor dem Einschlafen.
& Krabbelverse und -lieder: »Da kommt die Maus, da kommt die Maus, Klingelingeling! Ist der Herr zu Haus?«
& Finger- oder Fußbewegungsspiele: »Da läuft ein Weglein, da springt ein Häslein«.
& Spiel und Bewegung im Kreis: »Häschen in der Grube« oder »Ringel Reihe«.
& Tanzen und Springen: »Es tanzt ein Bi-ba-butzemann«.
& Bewegung und Musik als Wechselspiel von Führen und Folgen:

»Puff, puff, puff, die Eisenbahn,
wer will mit nach Amerika,
alleine fahren mag ich nicht,
drum nehm' ich mir den... mit!«

Oder »Ri-ra-rutsch«. Hier spielen zwei Kinder abwechselnd Kutsche und Pferd.

Für Kinder ab 4 Jahren

Bewegungs- und Tanzspiele bieten dem Kind nicht nur die Gelegenheit, sich zu entspannen und abzureagieren. Gerade in diesem Alter, wo für das Kind die »Gruppe« zum Erlebnis – und auch zum Problem wird, können Spiele solcher Art, wichtige Funktionen übernehmen.

Bewegung zur Musik

& Das Kind tanzt zur Musik. Dabei kann es sich verkleiden oder eine Maske aufsetzen. Es kann verschiedene Tiere in der Bewegung und in den Lauten nachahmen. Ob alleine, mit dem Erwachsenen oder mit mehreren Kindern zusammen, immer wieder wird es das freie Tanzen, das Sich-Bewegen bis zur Erschöpfung dringend brauchen.

& Mehrere Kinder zusammen fassen an einem Tuch voller Luftballons an, die die Bewegung der Gruppe zum Tanzen bringt. Kein Ballon soll herunterfallen!

& Auf das plötzliche Aussetzen der Musik bleiben alle Kinder plötzlich wie angewurzelt stehen.

& Die »Reise nach Jerusalem« wird gespielt.

Hören und Reagieren

& Beim Klang einer Zymbel bewegt sich das Kind frei im Raum, es bewegt sich so lange, wie es den Nachklang hören kann.

& Ein Gegenstand wird betastet, erraten und auf verschiedene Weise balanciert. Das Kind geht leise zur Musik, bei einer Pause wird der Gegenstand leise einem anderen Kind (Erwachsenen) weitergegeben.

& Bei lauter Musik geht das Kind hochgereckt wie ein Riese, bei leiser Musik geduckt wie ein Zwerg.

& Es bewegt sich nach einem Klopfrhythmus, der jedoch immer wieder zwischen regelmäßigem Schritt- und punktiertem Hüpfrhythmus wechselt (»Die Füße haben Ohren«).

& Gehörtes (Improvisation auf Instrumenten mit verschiedenen Rhythmen und Spieltechniken) wird in Tierbewegungen umgesetzt, z. B.: schleichende Katze, hüpfender Vogel, kriechende Schlange, stampfender Elefant oder stelzender Storch.

& Spielszenen als Bewegungsspiele oder Instrumentalspiele: streitende Vögel, spielende Katzen, balgende Hunde, erschreckte Hühner. Oder: zwei verschiedenartige Tiere begegnen sich.

& Karussell-Spiel: Im Kreis (eventuell durch ein Seil zusammengehalten) bewegen sich mehrere Kinder zur Musik, erst langsam, dann immer schneller. Schließlich bremst das Karussell ab und hält wieder an. – Folgendes Lied eignet sich für dieses Spiel zum Singen oder Spielen:

»Das Karussell«

Erfahrungen von Raum und Gruppe

& Freies Gehen im Raum zur Musik. Ein Kind tippt das andere an, bis schließlich die ganze Gruppe in Bewegung ist.

& Eine eng verbundene Gruppe erfindet spontan gemeinsame Bewegungen, ohne dabei den körperlichen Kontakt zu verlieren.

& Die Kinder bewegen sich in den äußeren Bezirken des Raums. Auf ein Klangzeichen treffen sie sich in der Mitte und agieren als Gruppe (Kreis, Knäuel, Schlange, Schnecke, Brücke...).

& Verschiedene Klangzeichen werden verabredet, nach denen die Kinder Richtungen des Raumes erfahren, wie außen – innen, rechts – links ... Das Wechselspiel sollte zunächst nicht über zwei Spielarten hinausgehen.

& Auf ein Klangzeichen sucht sich jedes Kind einen Freund, mit dem es »Kutsche«, »Karussell« oder »schaukelndes Boot« spielen möchte.

Bewegungserfahrungen an einem Gegenstand

& Ein Ball hüpft, rollt, springt oder wird hochgeworfen.

& Er wird von einem zum anderen gerollt.

& Viele Bälle (Tischtennisbälle) werden von den Kindern hochgeworfen, es werden aus ihnen Reihen und Haufen gebildet.

& Man balanciert einen Ball auf dem Handrücken und geht dabei zur Musik.

- Ein Ball wird einem »Freund« über die Beine bis zum Kopf gerollt.
- Ein Kind rollt das andere wie einen Ball.

Lieder als Bewegungsspiele

Lieder werden gesungen und gleichzeitig nachgeahmt, zum Beispiel: »Brüderchen komm tanz mit mir«, »Die fleißigen Handwerker« oder »Ihr Täubchen ...« (siehe Seite 88) und »Jetzt steigt Hampelmann«:

Jetzt zieht Hampelmann
sich seine Strümpfe an.

Jetzt zieht Hampelmann
sich seine Hose an.

Jetzt zieht Hampelmann
sich seine Jacke an.

Jetzt setzt Hampelmann
sich seine Kappe auf.

Jetzt geht Hampelmann
mit seiner Frau spazieren.

Jetzt tanzt Hampelmann
mit seiner lieben Frau.

Der Hampelmann steht in der Mitte des Kreises und führt die Bewegungen der einzelnen Strophen aus. Bei der 6. Strophe holt er sich aus dem Kreis ein Kind, seine Frau, und geht mit ihr eingehakt spazieren. Bei der 7. Strophe tanzen alle.

Für Kinder ab 5 Jahren

Auch hier wäre, wie bei den Kindern der vorangegangenen Altersstufen, das freie Tanzen nach Musik von Radio oder Schallplatten zu erwähnen. Maskiert, verkleidet, in großen Papiertüten oder als Riesentier unter einem Tuch macht dies allen Kindern, ob groß oder klein, sehr viel Spaß.

Bewegung zur Musik

& Auf bestimmte Klangzeichen wechseln körperliche Aktion mit dem Spiel auf Instrumenten oder Klanggesten (Körperinstrumente) ab. Ebenso kann ein Dirigent verschiedene Gruppen zum Spielen bringen, wie zum Beispiel im Zirkusspiel: Musikkapelle, Akrobaten, Tiere ...

& Die Bewegungsspiele einzelner Kinder lösen sich mit denen der Gruppe ab (Rondoform).

Hören – Reagieren

& Alle Kinder bewegen sich zu den dunklen Klängen eines Instruments frei im Raum, sobald Musik von einem hellen Instrument erklingt, treffen sie sich in der Mitte und agieren als Gruppe (Körperkontakt!).

& Zwei Instrumente (hell und dunkel) bestimmen die Bewegungen zweier Gruppen. Beim Klang des hellen tanzt die »helle« Gruppe, beim Klang des dunklen Instruments bewegt sich die »dunkle« Gruppe. (Auch Wechsel zwischen vorwärts- und rückwärtsgehen, sich ducken – sich strecken.)

& Eisenbahn-Spiel: fließende Übergänge von langsamen zu schnellen Tempi sollen spontan in Bewegung umgesetzt werden. Verschiedene Züge (verschiedene Instrumente) bei gleichzeitigem und aufeinanderfolgendem Start. Ein Dirigent, Instrumental- und Bewegungsgruppen reagieren nach Zeichen oder Spielplan.

Rhythmus

& Ein Kind geht, die anderen klopfen den Rhythmus seiner Schritte nach.

& Zwei Gruppen: die eine trommelt, die andere tanzt. Zunächst beginnt ein Kind zu trommeln, eines nach dem anderen kommt dazu, wobei sich ständig Lautstärke und Tempo steigert. Die Gruppe der tanzenden Kinder reagiert entsprechend.

& Ein Kind verkörpert ein bestimmtes Tier, ahmt seine Bewegungen und Laute nach, die anderen spielen das Rudel. Wechselspiel zwischen Rudel und einzelnem Tier. Übertragen und imitieren auf Trommeln. – Der Rhythmus wird notiert (siehe Seite 73).

& Mehrere Kinder bewegen sich nach der Art eines bestimmten Tieres. Ein anderes Kind versucht diesen Bewegungsrhythmus auf seine Trommel zu übertragen.
& Der Erwachsene hat eine Reihe von Instrumenten vor sich zum Improvisieren. Auf jedes Instrument sollen die Kinder mit entsprechenden Bewegungen reagieren. Zum Beispiel: Klang einer Zymbel – hocken; Schläge auf einer Pauke – stampfen; kurze gestoßene Flötentöne – hüpfen. Später kann ein Kind die Rolle des Erwachsenen übernehmen.

Imitation und Kontrast

& Spiegelbild: Ein Kind sucht sich einen Freund, dessen Bewegungen es ständig nachmacht. Anschließend werden die Rollen vertauscht.
& Kontrast: Nun versuchen beide Partner, immer das Gegenteil von dem zu machen, was gerade vorgespielt wurde. Auch hier: Rollentausch.
& Auf ein Klangzeichen wechseln sich Nachahmen und Kontrastbewegungen ab. Dies kann auch als musikalisches Reaktionsspiel auf Instrumenten durchgeführt werden. Hier einige Beispiele für Kontraste auf einem Instrument: schnell – langsam, hoch – tief, hell – dunkel, hart – weich oder kurz – lang.

Lieder als musikalische Reaktions- und Bewegungsspiele

& Verschiedene Lieder werden gesungen. Das Kind bewegt sich dazu und soll durch Aufstampfen oder Klatschen die Taktschwerpunkte markieren. Die einzelnen Lieder sollten in verschiedenen Taktarten stehen. Bekannte und unbekannte Lieder können vom Erwachsenen und von den Kindern selber vorgeschlagen werden.
& Kinder stehen im Kreis und singen ein Lied. Ein einzelnes Kind läuft außen herum und tippt, bei einem musikalischen Einschnitt (Phrase, Zeile) ein anderes an, das nun auch mit ihm um den Kreis läuft. Immer mehr Kinder werden in die Bewegung miteinbezogen, bis schließlich am Ende des Liedes alle wieder stillstehen.
& Ein Lied in einfacher Liedform (A – B – A) wird gesungen.
A = Summ, summ ... B = Ei, wir tun dir nichts zuleide ...
A = Summ, summ ...
Teil A, also der Anfang und Schluß des Liedes, wird gemeinsam von allen Kindern getanzt, während Teil B von einem Kind allein in den Bewegungen gestaltet wird. Dasselbe Spiel wird mit bekannten und auch unbekannten Liedern durchgeführt. Spontan teilen sich so den Kindern einfache musikalische Formen mit. Sie nehmen Wiederholungen, Veränderungen und Gegensätze wahr.
& Jagen und Fangen! Dafür eignet sich besonders gut »Das wilde Tier«:

Wir wolln einmal spa-zie-ren gehn in ei-nem schönen Garten.
Wenn nur das wilde Tier nicht käm. Wir wolln nicht lange warten.

Um eins kommts nicht, um elf, da pochts, um zwölf, da kommts.
zwei kommts nicht, um
drei kommts nicht, um
vier kommts nicht, um
fünf kommts nicht, um
sechs kommts nicht, um
siebn kommts nicht, um
acht kommts nicht, um
neun kommts nicht, um
zehn kommts nicht, um

Die Kinder gehen spazieren. In einem Versteck lauert das wilde Tier. Um zwölf Uhr springt es hervor und fängt sich ein Opfer, das dann die Rolle des wilden Tiers übernimmt.

9. Musik von Radio, Schallplatte und Tonband

Wann zwitschern die Elefanten?

Wann zwitschern die Elefanten?
Wann bellt und keucht der Star?
Wann wiehern die Vogeltanten?
Wann lispelt das Dromedar?

Wann krähen die Giraffen?
Wann gackert der Leopard?
Wann jubilieren die Affen?
Wann meckert das Schwein in den Bart?

Wann grunzen und brummen die Mäuse?
Wann hört man Spatzen miaun?
Wann reden Buben wie Greise?
Und Mädchen wie alte Fraun?

Wann kann das alles geschehen?
Wann stimmt kein einziger Ton?
Wenn zu schnell oder langsam sich drehen
Die Platten vom Grammophon!

Aus: James Krüss – Der wohltemperierte Leierkasten

Musik aus Radio und Fernsehen, von Schallplatten oder Tonband ist längst ein Bestandteil unseres täglichen Lebens geworden. Von Werbesongs, Schlagern, Pop, Folk, Jazz bis hin zur klassichen Musik bildet sie den musikalischen Hintergrund eines Kindes. Sie übt damit einen wichtigen Einfluß auf seine musikalische Erziehung und Entwicklung aus.
Ständige Überflutung mit Bildern, Informationen und Musik provoziert geradezu beim Kind die Neigung zum Konsumieren. Es gilt also Sendungen, Platten oder Tonbänder kritisch auszuwählen. Nur dann kann die Fülle an wertvollen Anregungen, die auf diesem Gebiet zur Verfügung stehen, sinnvoll für das Kind genutzt werden.

Schenkt man ihm Platten oder Tonbänder, so sollte man auch daran denken, ihm die entsprechenden Apparate zu erklären. Es möchte sie doch gerne selbst bedienen können. Dabei müssen nicht unbedingt die teuren Geräte der Eltern herhalten! Schon früh kann ein Kind lernen, wie man mit Platten umgeht, sie abwischt, auflegt und wieder ins Regal stellt. Bestimmt begreift es auch bald, wie mit dem Recorder aufgenommen wird, wie es selbst eine bestimmte Stelle auf dem Band findet oder wie es ein Musikstück löschen kann. – So könnte die Vertrautheit mit der Technik eines Apparates im Kind durchaus gestalterische Impulse auslösen. Und auf diese Weise geht dann einiges der lähmenden Faszination des Sich-unterhalten-lassens verloren.
Dem Erzieher bieten die folgenden Anregungen einen erweiterten Spielraum. Er kann damit Kinder mit ganz verschiedenen Startbedingungen, aus verschiedenem sozialen Milieu im gemeinsamen Spiel erfassen. Denn so wie die heimische musikalische Atmosphäre eines jeden Kindes unterschiedlich ist, so unterscheiden sich auch kindliche Maßstäbe, eine Musik als »schön« zu empfinden.

Spiele mit dem Radio

& Spontanes Tanzen zu Musik auf Polstern, verkleidet, mit Masken, mit Instrumenten, Ballons oder als Riesentier unter einer Decke.
& Die eben erklingende Musik wird mit »Körperinstrumenten« begleitet wie klopfen, klatschen, patschen oder schnalzen.
& Versteinert! Sobald die Musik ausgeschaltet wird, darf sich keiner mehr bewegen.
& Reise nach Jerusalem. Sobald die Musik aussetzt, muß jedes Kind versuchen, einen Stuhl zu erwischen.
& Laut und leise. Spiel am Lautstärkenregler. Plötzlicher Wechsel, schnelles Hin- und Herwechseln, allmähliche Übergänge vom Lauten ins Leise und umgekehrt.
& Zwei Gruppen tanzen oder gehen zur Musik. Wird sie laut gestellt, bewegt sich die eine, erklingt sie leise, so kommt die andere Gruppe an die Reihe.
& Laute Musik wird langsam leiser gestellt. Man bewegt sich so lange, wie die Musik zu hören ist. Auch die Bewegungen werden langsamer.
& Instrumente-Raten. Ein beliebiges Musikstück aus dem Radio wird angehört. Welche Instrumente sind zu hören?
& Radio-Spiel. Jedes Kind überlegt sich sein bestimmtes »Programm« und spielt es vor: Nachrichten, Kinderfunk, Instrumentalmusik, Werbefunk, Zeitzeichen, Rauschen usw. Wie laut oder wie leise das Radio gestellt wird, wie lange ein Programm gehört oder wie schnell gewechselt wird, entscheidet ein Kind, das vorher zum Dirigenten bestimmt wurde. (Läßt sich auch als Hörspiel auf Tonband spielen!)

Spielen nach Schallplatten

& Spontanes Tanzen zu Folklore, Jazz oder Tanzmusik.

& Bei Wiederholung können die Kinder mit Schlaginstrumenten begleiten.

& Auf das Klangzeichen eines Kindes wechseln zwei Gruppen miteinander ab: die eine tanzt, die andere spielt mit Instrumenten.

& Spiel am Geschwindigkeitsregler. Dasselbe Stück wird in verschiedenen Tonhöhen und damit auch in verschiedenen Geschwindigkeiten abgespielt. Die Kinder sollen mit ihren Bewegungen entsprechend reagieren.

& Pantomimisches Tanzspiel. Nach dem ersten Anhören eines Musikstücks erzählen sich die Kinder gegenseitig, was sie herausgehört haben: Einen Naturvorgang (Schneeflocken, Bäume im Wind, Nebel...) oder eine Geschichte? Anschließend versuchen sie die Idee, die ihnen am besten gefällt, mit verteilten Rollen zur Musik zu tanzen.

& Welche Instrumente sind auf der Platte zu hören? Beim zweiten Abhören spielen die Kinder auf den entsprechenden Instrumenten mit oder sie imitieren sie mit der Stimme (jedes sucht sich vorher seine Rolle aus).

& Beim Malen nach Musik sollte die Musik so laut sein, daß sich die Kinder ihrem Bann nicht entziehen können und musikalische Impulse direkt auf die malende Hand übergehen.

& Musik für musikalische Märchen, Rollen- oder Hörspiele wird aus Platten ausgesucht. Welche Musik paßt für eine ganz bestimmte Situation im Spiel?

Spiele mit Tonband oder Kassettenrecorder

Für kleinere Kinder sind Kasettenrecorder leichter zu bedienen als ein Tonband. Außerdem können die Kasettenrecorder überallhin mitgenommen werden. Für größere Kinder bietet ein Tonband mehr Spielmöglichkeiten.

& Umweltgeräusche (siehe Kapitel 1) sollen gehört, erkannt und nachgeahmt werden.

& Geräusche, die mit Stimme, Körper oder Instrumenten nachgemacht wurden, können anhand einer Tonbandaufnahme geprüft und mit den Originalgeräuschen verglichen werden.

& Körpergeräusche kann man mit hautnahem Mikrofon für Hör-Rätsel oder als Geräusch-Material für Hör-Spiele aufnehmen. Schaben, Reiben, Klopfen, Streichen von Haut, Haaren, Zähnen oder Nägeln.

& Geräusche mit dem Mund können mit dem Mikrofon eingefangen und verstärkt werden: Blasen, Hauchen, Summen, Schnalzen, Strömungskonsonanten und Explosivlaute...

& Merkwürdige Geräusche aus Technik, Natur, Tierwelt, Material und mit dem menschlichen Körper sind oft schwer zu erraten, vor al-

lem wenn sie verstärkt oder ganz aus der Ferne aufgenommen wurden.

& Verschiedene Geräusche aus einem bestimmten Raum werden aufgenommen und sollen anschließend von den Kindern in der gleichen Reihenfolge nachgemacht werden.

& Material, z. B. Papier oder Stoff, wird mit dem Mikrofon »getastet«. Ganz aus der Nähe aufgenommen, bei weit aufgedrehtem Tonstärkerregler, hören sich die Geräusche sehr aggressiv an.

& Tropfen-Spiele mit dem Tonband. Verschiedene Tropfengeräusche sind durch Veränderung der Lautstärke oder der Laufgeschwindigkeit (beim Aufnehmen) kaum mehr wiederzuerkennen. Als zusätzliches gestalterisches Element kann man Rauschen, Dröhnen oder Stille miteinflechten.

& Jagd nach Klängen und Geräuschen! Mit dem Kasettenrecorder spielen die Kinder Reporter auf der Straße, auf dem Jahrmarkt, im Freibad oder auf der Urlaubsreise.

& Spiel mit der eigenen Stimme: Das Kind sagt seinen Namen, es beschreibt ein Bild oder erzählt eine Geschichte aus dem Bilderbuch. Ob es sich beim Abhören der Aufnahme wiedererkennt?

Hörspiele

& Ein-Mann-Hörspiel. Ein Kind spielt drei verschiedene Rollen. Durch Veränderung der Bandgeschwindigkeit kann es seine Stimme in die eines grimmigen Monstrums oder eines Mickey-Maus-Wesens verwandeln. Ausgeschnittene Comic-Bilder ordnet es zu einer kurzen Geschichte.

& Hörspiele entstehen aus Bilderbuchgeschichten, wobei ein Kind erzählt (liest) und die anderen eine Geräuschrolle übernehmen.

& Geschichten aus Kinderbüchern, kleine Krimis oder zusammengesetzte Comic-Szenen eignen sich gut für Hörspiele, in denen nicht der Erzähler, sondern verschiedene Kinder durch Spiel- und Musizierrollen den Ablauf bestimmen.

Dazu einige Tips, um die nötigen Voraussetzungen zu schaffen:

Welche Geräusche werden gebraucht? Wie lassen sie sich erzeugen?

Welche Musik kann eine besondere Situation erklären oder beleuchten?

Musik aus Fernsehspielen, Hörspielen oder Märchenplatten wird mit den Kindern zusammen angehört.

Gemeinsam malen sich die Kinder einen Plan für ihr Hörspiel (siehe Kapitel §§§§). Bei der Aufnahme gibt ein »Regisseur« die Zeichen für die verschiedenen Einsätze.

Nach dem Abhören: Hat man sich in seiner Rolle erkannt?

Waren Höhepunkte oder Steigerungen erkennbar? Hat man den Schreck, die Überraschung, die unheimliche Stille ... deutlich wahrgenommen?

Waren die Musik, das Instrument oder die Stimme an dieser Stelle passend, zu harmlos oder zu dick aufgetragen?

& Eine Stelle soll gelöscht werden, weil ein Schauspieler niesen mußte. Wer findet sie?

& Kinder machen eine Kindersendung. Sie stellen sich selbst ihr Programm zusammen, etwa eine Gute-Nacht-Sendung oder ein Interview über einen gemeinsamen Museumsbesuch.

& Eine kleine Festmusik. Mit Musik von Schallplatten oder aus dem Radio stellt sich das Kind selbst die musikalische Umrahmung für sein Geburtstagsfest oder den Kinderfasching zusammen.

& Geschenke. Selbstbespielte Tonbänder (Kassetten) können auch an Eltern, Geschwister und Freunde verschenkt werden. Dafür eignen sich kleine Interviews mit Familienmitgliedern, Reportagen, Lieder, Gedichte oder musikalische Märchen aus dem meistgeliebten Bilderbuch (für kleine Geschwister).

10. Welches Instrument für welches Kind?

Nach den vorausgegangenen Erfahrungen und der langen, intensiven Beschäftigung mit dem Phänomen Musik, wird beim Kind sicher die Vorliebe zu einem ganz bestimmten Instrument zu beobachten sein. Sehr oft entspricht sein Wunsch auch tatsächlich seinen Fähigkeiten und seiner Eignung. Oft aber läuft ein solcher Wunsch entgegen den Vorstellungen der Eltern. Es ist deswegen auf jeden Fall zu empfehlen einen erfahrenen Musikpädagogen zu Rate zu ziehen.

Im allgemeinen läßt sich folgendes beobachten:

& Streichinstrumente eignen sich für Kinder mit sehr gutem Gehör für Intervalle. Sie sollten außerdem manuelles Geschick (Kontraktionsvermögen!) und ganz besonders gute physische Voraussetzungen der Hand und der einzelnen Finger haben.

& Zum Klavier fühlen sich meist rhythmisch begabte Kinder hingezogen. Dieses Instrument kommt ihren motorischen Bedürfnissen sehr entgegen. Auch hier sind manuelles Geschick und Koordinationsvermögen wichtige Voraussetzungen.

& Flöte gilt als ideales Instrument für den Anfang. Sie ist geeignet für Kinder, die ausgesprochen gerne blasen und Freude an gemeinsamem Unterricht und Zusammenspiel in der Gruppe haben. Mit Blockflötenunterricht kann man früh beginnen, wenn man sich etwa mit der Wahl des endgültigen Instruments noch etwas Zeit lassen möchte.

& Blechblasinstrumente werden oft von manuell weniger geschickten Kindern gewählt und mit Erfolg und Spaß gelernt.

& Gitarre und andere Zupfinstrumente machen Kinder Spaß, die gerne mit anderen zusammenspielen. Hier gibt es vor allem in der Literatur eine breite Streuung, von der Klassik bis zur Volksmusik. Das Zusammenspiel mit anderen Instrumenten oder Singstimmen wird gefördert.

Wann ein Instrumentalunterricht beginnen soll, hängt von der Lust des Kindes, seinem Durchhaltevermögen, seiner musikalischen Entwicklung und – dem idealen Instrumentallehrer ab. Auf keinen Fall dürfen frühe Leistungsforderungen und eine Arbeitshaltung (Üben!), wie sie eigentlich erst in der Schule verlangt wird, das Kind aus seiner Lust am Musizieren herausreißen. Das Erlernen bestimmter Techniken, das Ablesen und Einstudieren eines Instrumentalstückes darf nicht das spontane Musizieren, Improvisieren, Spielen und Singen verdrängen. Beide Bereiche müssen bei einem frühen Beginn des Instrumentalunterrichts ineinandergreifen!

Literaturhinweise

Liederbücher

Das Liedernest, von Lieselotte Rockel, Fidula-Verlag Boppard/Rhein.

Lied und Spiel, von Grete Hahn, 9. Auflage 1970, Hermann Schroeder Verlag

Ludi Musici, von Wilhelm Keller, Band 1 und 2, Fidula-Verlag Boppard.

Ringel Ringel Reihe, von Erno Seifriz (Hrsg.), 1969, Otto Maier Verlag Ravensburg.

Willkommen lieber Tag, von Richard R. Klein, Band 1, 11. Auflage 1974, Band 2, 4. Auflage 1974, Moritz Diesterweg Verlag Frankfurt.

Zum Singen, Malen, Dichten, Spielen

Brülle ich zum Fenster raus, von F. K. Waechter/I. M. Hammerich, 1973, Julius Belz Verlag, Weinheim.

Reime und Verse

Allerleirauh, von H. M. Enzensberger, 1971, Suhrkamp Verlag Frankfurt.

Der wohltemperierte Leierkasten, von James Krüss, 1966, Bertelsmann Jugendbuch Verlag Gütersloh.

Gedichte für ein ganzes Jahr, von James Krüss, 1971, Otto Maier Verlag Ravensburg.

Ri-Ra-Rutsch, Kinderreime und Kinderlieder aus aller Welt, von Janne Minck (Hrsg.), Ullstein Verlag Berlin.

Was denkt die Maus am Donnerstag, von Josef Guggenmos, Georg Bitter Verlag Recklinghausen.

Musik spielen und lernen

Hör – was ist das? Ein Spiel mit Bildern und Schallplatte, Ravensburger Spiele.

Kinderinstrumente, Mauritio Kagel, Rheinische Musikschule der Stadt Köln.

Klänge hören, lesen, zeichnen; Musik mit Stimme; Wir hören und lernen Musik; Instrumentenbuch für Kinder; alle von M. Künzel-Hansen, Friedrich Velber Verlag.

Schallspiele (Ludi Musici Band 2), von Wilhelm Keller, Fidula-Verlag Boppard.

Zwei Hände – zwölf Tasten (Band 1), von Klaus Runze, Schott's Söhne Mainz.

Fachliteratur

Der Übergang vom Kindergarten zur Grundschule, Verlag Ludwig Auer Donauwörth.

Einstieg in neue Klangbereiche durch Gruppenimprovisation, von Lilli Friedmann, Franz Blasl (Hrsg.), Universal Edition Mainz.

Kinder hören Schallplatten, von Rolf Krenzer, 1974, Otto Maier Verlag Ravensburg.

Kinder spielen mit Klängen und Tönen, von Lilli Friedemann, 1971, K. H. Möseler Verlag Wolfenbüttel.

Klangexperimente und Gestaltungsversuche im Kindesalter, von G. Meyer-Denkmann, Franz Blasl (Hrsg.), 1972, Universal Edition Mainz.

Kollektivimprovisation als Studium und Gestaltung Neuer Musik, von Lilli Friedemann, Schott's Söhne Mainz.

Musikalischer Beginn in Kindergarten und Vorschule, Band 1, von S. Abel-Struht, Bärenreiter Verlag Kassel.

Musik und Bewegung, von Gerda Zöller, 1974, Institut für Frühpädagogik, München.

Unser Kind erlebt Musik, von M. Künzel-Hansen, 1969, Ernst Klett Verlag Stuttgart.

Kinderschallplatten

Tom und Nina im Wunderland der Töne (Maritim).
Die kleine Flöte (Christophorus).
Piccolo Sax & Co: Kleine Geschichte eines großen Orchesters (Philipps).

Piccolo Sax & Co: Musikalische Weltreise (Philipps).

Wolfgang – von Gott geliebt. Die Geschichte des Kindes Mozart (Deutsche Grammophon).

Wir bauen eine Stadt, von Hindemith (Beltz).

Um die Ecke liegt Sizilien. Musical – sozialkritisch über das Verhältnis zu Gastarbeiterkindern (Metronome).

Carl Orff – Musik für Kinder (Dacapo).

Carl Orff – Das klingende Bilderbuch (Beltz).

Hören lernen – Materialien zur Hörerziehung von Hermann Regner (Klett).

Hör – was ist das? Spiel und Schallplatte (Ravensburger Spiele).

Informationen – eine avantgardistische Musikstunde von Michael Vetter (Klett).

Europäische Kindertänze (Diesterweg).

Tänze und Volksweisen aus aller Welt (Calig).

Respektlose Kinderlieder (Philipps).

Peter und der Wolf, von Prokofieff (Philipps).

Das häßliche Entlein und andere Lieder, von Prokofieff, (Decca).

Aus dem Plattenschrank der Großen

Bach, Brandenburgische Konzerte.

Bartok, Rumänische Tänze und Volkslieder.

Beethoven, Rondo: »Wut über den verlorenen Groschen«
»Für Elise«.

Debussy: Children's corner (Klavier), Clair de lune aus der »Suite bergamasque« (Klavier).

Händel, Wassermusik.

Haydn, Kindersinfonie.

Hespos, Kitara und Palimpsest (Hör zu).

Hindemith, Märsche.

Kagel, Atem – für einen Bläser (Emi).

Mozart, Kleine Nachtmusik, Klarinettenkonzert,

Mozart, »Türkischer Marsch« aus der Sonate A-Dur.

Penderecki, Anaklasis – für Streicher u. Schlagzeug – (Wergo).

Ravel, Bolero.

Schubert, Forellenquintett.

Schumann, »Jugendalbum« und »Kinderszenen«.

Smetana, Die Moldau.

Stockhausen, Zyklus für einen Schlagzeuger (Wergo).

Strawinsky, Märsche.

Tschaikowsky, Nußknackersuite, Cappricio Italiano.

MOECK
Schulflöten
für den Sopranflöten-
Anfänger
Tuju-Flöten
für das Zusammenspiel
im Flötenchor
Meisterflöten
u. besonders
Modell „Rottenburgh"
für Solisten u.
angeh. Könner
Frage Deinen Händler,
er wird Dich beraten!

Hör – was ist das?

Das Besondere an diesem Lottospiel ist eine Schallplatte voller bekannter Geräusche. Die Sirene des Polizeiwagens oder das Klingeln des Telefons ist sofort erkennbar, doch bei manchen Geräuschen muß man die Ohren spitzen. Zu jedem Geräusch gehört ein passendes Bildkärtchen, das beim Erkennen des Tons dem passenden Bild auf der Legetafel zugeordnet wird. Viel Spaß machen auch lustige Ratespiele. Dieses Spiel führt zu bewußtem Hören und erweitert den Sprachschatz des Kindes.
Spieldauer: ca. 20 Minuten.

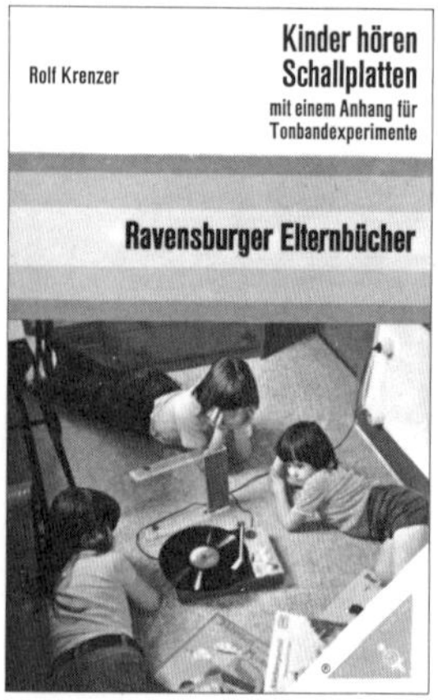

Kinder hören Schallplatten
Mit einem Anhang für Tonbandexperimente.
Von Rolf Kreuzer.
Ca. 128 Seiten mit ca. 15 Schwarzweißfotos.

Das Angebot von Schallplatten für Kinder wird von Tag zu Tag größer. Dieses Buch bietet Eltern und Erziehern eine wertvolle Hilfe bei der Frage, ob man für Kinder überhaupt Schallplatten kaufen soll und welche für die einzelnen Altersgruppen geeignet sind.
Eine umfassende, gut gegliederte Übersicht erleichtert die schwierige Auswahl nach kritischen und zeitgemäßen Gesichtspunkten. Dabei richtet sich das Augenmerk besonders auf die pädagogischen Qualitäten der einzelnen Angebote, denn schon seit längerer Zeit weiß man, welche erzieherischen Möglichkeiten sich beim richtigen Einsatz von Schallplatten bei Kindern bieten.

Krokodilslieder
Von Richard Bletschacher.
Illustriert. 112 Seiten.
Originalausgabe.
JM ab 7.

Für Humorlose verboten!
Dies Buch dürfen nur Kinder und Erwachsene lesen, die Spaß an lustigen Gedichten, witzigen Wortspielereien und heiteren Liedern haben. Wenn sich jemand für unmusikalisch hält, sollte er die folgenden Zeilen beherzigen:
Alles, was man wirklich will, kann man auch zustande bringen, sagte sich das Krokodil und versuchte sich im Singen. Das Lied schließt mit der Zeile:
Rachen auf und frisch gesungen!